사랑활용법

사랑활용법
너와 나를 보는 다섯 가지 창문

지은이 | 우애령
그린이 | 엄유진

펴낸이 | 조현주
펴낸곳 | 도서출판 하늘재

1판 1쇄 찍은날 | 2008년 9월 17일
1판 1쇄 펴낸날 | 2008년 9월 22일

등록 | 1999년 2월 5일 제20-140호
주소 | 서울시 마포구 망원동 384-15 301호
전화 | (02)324-2864
팩스 | (02)325-2864
E-mail | haneuljae@hanmail.net

ISBN 978-89-90229-20-5 03810

값 12,000원

ⓒ 2008, 우애령

지은이와 협의에 따라 인지는 생략합니다.
잘못된 책은 바꾸어 드립니다.

사랑활용법
너와 나를 보는 다섯 가지 창문

우애령 글 · 엄유진 그림

하늘재

■ 작가의 말

사람들은 누구나 다 사랑의 꿈을 지니고 있다.
그런데 그 사랑을 언젠가 귀한 손님이 올 때 쓰려고 간직해두기만 하는 아름다운 고급 그릇들처럼 장식장에 그냥 놓아두기만 하는 것이 아닐까.
그러다가 너무 오랜 시간이 흘러버려 어쩌면 그곳에 간직해둔 그릇이 있다는 사실조차 우리는 잊어버리고 있는 것이 아닐까.
그러고는 한쪽 창문에만 매달려 세상 전체를 내다보지 못하고 어디에도 아름다운 것은 없다는 불평만 하고 있는 중인지도 모른다.
하늘과 구름, 꽃과 나무, 시내와 바위, 서로 기대어 거리를 걷고 있는 남자와 여자, 유모차를 밀고 가는 젊은 어머니와 아기, 분수대 앞에 손자와 함께 앉아 웃고 있는 할머니….
이런 아름다운 순간들을 내다보고 있으면 누군가와 함께 사랑을 나누고 싶어지지 않는가.
이런 이야기가 있다.

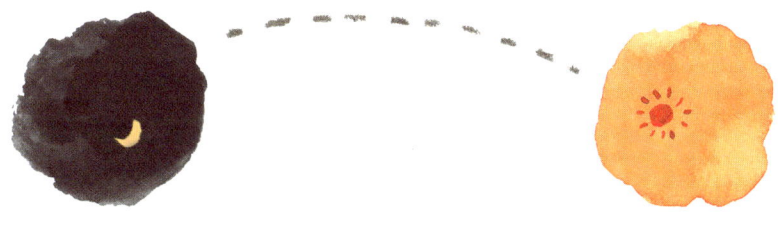

두 사람이 감옥에서
창문 밖을 바라보았다.
한 사람은 진흙탕을,
다른 한 사람은 별을 보았다.

시인 정현종은 절묘하게 우리 인생의 창문을 열어 보여준다.

   나는 가끔 후회한다.
   그 때 그 일이
   노다지였을지도 모르는데…

   그 때 그 사람이
   그 때 그 물건이
   노다지였을지도 모르는데…

더 열심히 파고들고
더 열심히 말을 걸고
더 열심히 귀 기울이고
더 열심히 사랑할 걸…

반벙어리처럼
귀머거리처럼
보내지는 않았는가.
우두커니처럼…
더 열심히 그 순간을
사랑할 것을…

모든 순간이 꽃봉오리인 것을,
내 열심에 따라 피어날
꽃봉오리인 것을!

인생의 다섯 가지 창문을 그리느라고 나는 열심히 글을 쓰고, 영국에서 돌아온 딸 유진이는 열심히 그림을 그렸다.
　지치고 힘든 순간도 있었지만 글과 그림을 맞추어보면서 함께 기뻐하는 순간이 더 많았다. 시인의 말처럼 그 '모든 순간이 다 꽃봉오리'였다는 생각이 새삼 든다.
　사람들이 이 책을 보고 젊은 이 순간을 사랑을 활용하는 데 쓰고 싶어진다면 우리 두 사람은 더 바랄 것이 없다.
　우리는 누구나 다 내일보다 오늘, 더 젊지 않은가.

2008년 9월에
우애령, 엄유진

차례

작가의 말 • 4

 하나 **사랑의 삼각형**

1) 사랑에 관하여 • 14

2) 사랑의 유형 • 19

   1. 그 사람이 싫지는 않습니다 : 사랑 없음 • 20

   2. 그 여자하고 같이 있으면 편안하기는 해요 : 좋아함 • 24

   3. 그 남자를 보기만 해도 가슴이 뛰어요 : 첫눈에 반하는 사랑 • 28

   4. 결혼을 앞두고 텅 빈 이 마음은 무엇 때문일까요 : 공허한 사랑 • 32

   5. 그를 너무 사랑할 뿐, 다른 것은 필요 없습니다 : 낭만적인 사랑 • 36

   6. 친구처럼 편한 여자를 두고 다른 여자에게 마음이 흔들립니다 : 친구 같은 사랑 • 40

   7. 그를 보면 가슴속에서 북소리가 들리는 것 같아요 : 서두르는 사랑 • 44

   8. 진심으로 이 사람을 사랑하고 있어요 : 완전한 사랑 • 48

둘 너의 성격, 나의 성격

1〉 다섯 가지 열쇠 • 54
　　1. 생존의 욕구 • 56
　　2. 사랑과 소속의 욕구 • 58
　　3. 힘의 욕구 • 60
　　4. 자유의 욕구 • 62
　　5. 즐거움의 욕구 • 64

2〉 욕구강도 프로파일 • 66
　　1. 두려움 없는 그녀가 두려워요: 생존의 욕구 차이 • 67
　　2. 사랑해, 사랑한다니까: 사랑과 소속의 욕구 차이 • 70
　　3. 너는 결국 내가 원하는 대로 할 거야 : 힘의 욕구 차이 • 73
　　4. 구름처럼, 바람처럼: 자유의 욕구 차이 • 76
　　5. 배우러 갈래, 놀러 갈래? : 즐거움의 욕구 차이 • 79

3〉 내가 측정하는 나와 이성 친구의 욕구강도 프로파일 테스트 • 82

셋 결혼 이야기

희망 찾기 • 91

요리하는 남자는 섹시한 남자 • 92

함께 걷는 길 • 95

결혼과 침대 • 98

뒤돌아보지 말고 다만 앞으로 나아가라 • 100

남편의 답과 부인의 답 • 102

결혼의 이면 • 104

행복한 결혼, 불행한 결혼 • 106

결혼과 시시포스 신화 • 109

결혼의 지혜 • 111

환상적인 결혼이라는 미신 • 113

스트레스 없는 결혼 • 115

결혼과 정의 • 117

결혼의 수호신 • 119

결혼과 자아 • 122

부부와 유머 • 124

넷 꿈을 찾아서

아름다움의 기준 • 129
물속의 여름 소년 • 130
네 종류의 사람들 • 133
길이 열릴 때까지 • 134
한 사람을 안아주기 • 136
빛과 그림자 • 138
인생과 연애하다 • 140
밥 호프의 눈물 • 142
바이킹 이야기 • 146
다이어트와 웰빙 • 148
성형왕국의 임금님 • 150
카페로 가자 • 152
같이 떠나자 • 154
소박한 행복의 그림 • 156
어린왕자의 장미꽃 • 158
내 사랑 송이 • 161
화가들의 방문 • 163
다인이의 꿈 • 166
그 사람이 만난 '정혜' • 169
순결한 마음 • 172

다섯 생활의 발견

친절한 사람 • 179
페르시아 카펫 • 182
그 남자의 큰어머니 • 185
대화가 필요해 • 157
소통의 즐거움 • 190
불 끄는 남자 • 192
장작불 다스리기 • 194
큰일과 작은 일 • 197
오아시스를 찾아서 • 199
친절한 TV 씨 • 202
강호의 고수 • 205
그 자리에 서 있는 이유 • 208
광고의 마력 • 210
인생의 전환기 • 213
세븐업의 선문답 • 216
사랑의 유통기한 • 218
나 자신을 사랑하기 • 220
나를 용서하기 • 224
석가모니와의 대화 • 227

하나

사랑의 삼각형

1) 사랑에 관하여

한 남자, 한 여자를 '사랑한다'는 것은 과연 무슨 뜻일까?

왜 어떤 사랑은 자라나는 나무처럼 오래 지속되고 왜 어떤 사랑은 피어올랐다 금세 시드는 꽃 한 송이처럼 그렇게 쉽게 시작되고 쉽게 사그라지는가.

사람들은 누구나 자신의 사랑은 '특별'하다고 주장한다.

남녀 간의 사랑은 수많은 문학작품이나 드라마, 영화에서 빼놓지 않고 다루는 영원한 테마이다. 그들의 이야기는 말하자면 모두 '특별'하다. 그렇지만 그 '특별한 사랑'을 보고 우리가 함께 가슴 아파하고 기뻐하며 공감하는 것을 보면 사랑의 의미에는 분명히 보편성도 있을 것이다.

사랑해서 서로 사귀거나 결혼한 사람들이 헤어짐을 선택한다는 것은 무엇을 의미할까. 사랑이나 이별을 선택하기 이전에, 우리는 자신과 파트너의 관계를 이성적으로 찬찬히 살펴볼 필요가 있다.

사랑에 관해 깊이 연구해온 심리학자인 로버트 스턴버그의 '사랑의 삼각형' 이론은 남녀가 서로 가까워질 때 일어나는 사랑의 다양한 모습들에 대해 쉽게 설명해준다. 그는 사랑의 가장 중요한 요소를 삼각형의 그림처럼 친근감과 열정과 약속이라고 보고 있다.

'친근감'은 가깝고 친밀한 유대감을, '열정'은 로맨스로 이끄는 육체적인 매력이나 성적인 접근을, '약속'은 사랑을 고백하거나 청혼하는 등 마음의 결심을 나타낸다.

이 세 가지 요소는 서로 영향을 미쳐서 수많은 사랑의 유형들을 만들어낸다.

사랑의 삼각형 이론에 근거해서 남녀가 호소하는 사랑 이야기를 들어보면, '과연 내 사랑은 어떤 유형일까'를 알아보는 데 도움이 될 것이다.

친근감, 열정, 약속 중에 한 가지 또는 그 이상이 모자랄 경우 건전하고 지속적인 사랑이 되기 어렵다. 하지만 그 사랑을 어떻게 이끌어 나갈 것인가는 물론 본인의 선택에 달려 있다. 결여된 부분에 대한 인식과 그 부분을 채우려는 노력은 언제나 유효하다.

중요한 사실은 자신의 사랑에 관해 좀 더 명료한 생각을 지니고 있어야 한다는 점이다.

다음에 나오는 흥미 있는 이야기들은 그 실마리를 얻게 해줄 것이다.

과연 나의 사랑은 몇 번째 사랑에 속할까?

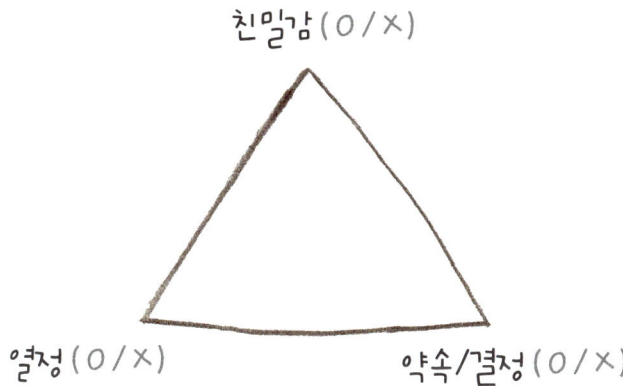

* 앞으로 전개될 여덟 가지 사랑의 유형에 대한 설명은 친근감과 열정, 그리고 약속이라는 세가지 요소의 유무에 따라 분류되어 있다. 이 글을 읽는 분들은 위의 삼각형 을 참고해서 자신과 파트너의 관계가 어떠한 사랑의 유형에 가까운지 체크 해보자.

2) 사랑의 유형

그 사람이 싫지는 않습니다

그 사람이 싫지는 않습니다. 함께 있는 게 아주 싫은 것도 아닙니다. 그냥 무난하다고나 할까요. 같은 회사에서 일하고 있는데 여럿이 어울려 함께 저녁도 먹고 노래방도 가고 한 적은 있지만 개인적인 감정이나 호감은 별로 없습니다.

그런데 요즘 들어 내게 다가오려고 들고, 문자도 자꾸 보내고 회식이 끝난 후에 두 사람만 있으려는 기회를 만들어보려고 애를 쓰고는 합니다. 이 사람을 보면 별다른 매력이 있는 것도 아니고 그렇다고 크게 나쁜 점이 있는 것도 아닙니다. 무난한 집의 무난한 아들입니다. 내 애매한 태도가 호의로 받아들여지는 건지 단념하지 않고 꾸준히 접근해 오고 있습니다.

지금 기세로 봐서는 내가 받아들이기만 하면 제대로 면사포 쓰고 가까운 시일 내에 결혼할 수도 있을 것 같습니다. 게다가 딱히 마음에 안 드는 점도 없습니다.

이제 나이도 들고, 결혼은 현실이라는 이야기를 너무 많이 듣습니다. 또 결혼할 시기를 놓쳐서 혼자 지내는 여자들 모습이 좋아 보이지도 않아요.

그런데 이 무미건조한 사람과 사귀고 싶지는 않은데, 딱 거절하기에는 뭔가 아쉽기도 한 이 설명할 수 없는 답답한 마음… 무엇이 문제일까요? 함께 사귀다 보면 정말 나무가 자라듯 사랑도 저절로 자라는 걸까요?

1. 사랑 없음

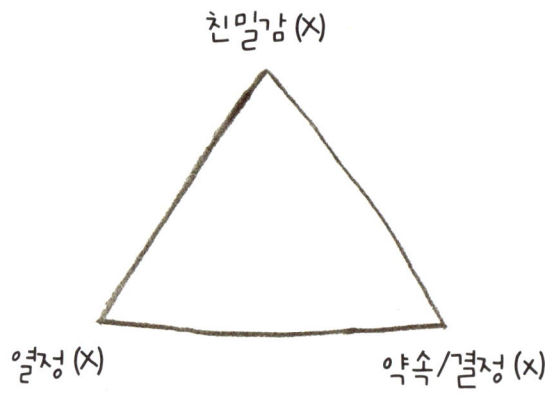

이 상태는 친밀감과 열정, 약속 세 가지가 모두 없는 경우이다. 이는 직장 동료나 일반적으로 아는 이성에게 느끼는 감정이지만, 서로 사귀는 사이에도 한 사람에게, 혹은 두 사람 다에게 나타날 수 있다.

이성과 사귀고 있긴 하지만 상대방이 자기에게 사랑도 관심도 없는 것처럼 느껴지며 상대방이 사랑을 고백하지도 않고 청혼도 하지 않는 경우도 있다.

혹은 그 반대로 이 남녀처럼 상대방은 내게 가까이 다가오려고 하며 사랑을 고백하는데, 나는 아무런 친밀감도 열정도 느껴지지 않고 그 사람과 어떤 종류의 심리적인 약속을 하고 싶지 않은 관계도 있을 수 있다.

카뮈의 소설 《이방인》에 나오는 주인공 뫼르소의 마리에 대한 사랑이 이렇다. 만나서 함께 지내고 함께 자지만 세 가지 요소가 다 자기 자신에게는 없는 것이다.

중요한 것은 내가 보여주는 태도이다. 원하지 않는 사람을 아쉬운 대로 걸어두는 것이 옳은 태도인지, 아니면 운명의 적극적인 변화를 위해 노력할 의사를 가지고 교제를 시작하는 것이 옳은 태도인지는 본인 외에 다른 사람이 결정하기 어렵다.

내가 인생에서 가장 중요하게 여기는 가치가 무엇인지는 사람들마다 다르기 때문이다.

그 여자하고 같이 있으면 편안하기는 해요

남녀가 만나면 금세 사랑에 불이 붙든지, 마음에 들지 않아 헤어지든지 하는 게 아닌가요? 오래된 대학교 동아리 친구인 이 여자, 만나면 반갑고 편안하고 정말 좋거든요. 그런데 흔히 말하는 전기가 오르지를 않는 겁니다. 뭐라고 하면 좋을까요. 그냥 오래 함께 산 중년부부의 감정이 이런 걸까요.

군대 가기 전에 뚜렷한 약속이 있었던 것은 아닙니다. 제대하고 와보니까 나를 딱히 기다렸던 것도 아니지만, '지금은 사귀는 사람이 없다'고 하더라구요.

만나면 애들처럼 수다도 떨고 농담 따먹기도 하고 사귀다 헤어졌던 내 여자친구 이야기나 자기 남자친구 이야기도 재미있게 하곤 합니다. 어떻게 만났나, 어떻게 헤어졌나 이런 이야기도 하고, 어쭙잖게 조언도 하지요. 이건 진짜로 〈해리가 샐리를 만났을 때〉의 무삭제 한국어판이라니까요.

진정한 친구가 결혼 상대로 제일 좋다는 이야기는 많이 들었지만, 정말 그럴까요?

지난주에 무슨 이야기를 하다가 집에서 선을 보라고 한다면서, 갑

자기 조용해졌어요. 그러더니 불쑥 이런 말을 꺼냈습니다.

"생판 모르는 사람을 만나서 '취미가 뭐예요?' '독서요.' 이런 소리를 하고 앉아 있느니 우리 그냥 결혼하면 어때?"

너무 갑작스러워서 대답을 하지 못했더니, 막 웃으면서 말하더군요.

"쫄지 마. 농담한 걸 가지고 뭘 그렇게 심각해지냐?"

정말 농담이었을까요. 혹시 진심이라면 어떻게 하면 좋을까요? 저는 영화나 소설에 나오는 그 미칠 듯한 낭만적인 사랑을 기다리고 있거든요. 이런 상태에서 장래를 약속하고 싶지는 않습니다.

2. 좋아함

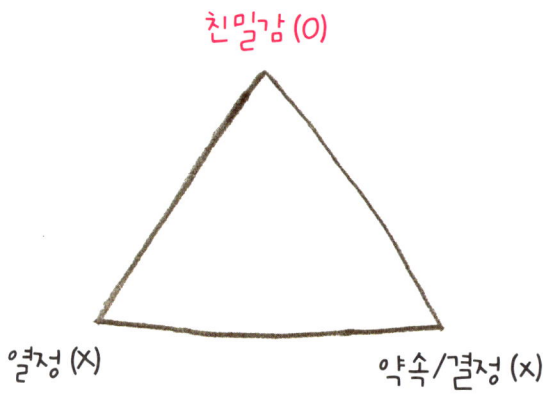

　이 유형의 사랑은 열정이나 약속이 전혀 없이 일어난다. 그냥 서로 좋다는 뜻이라기보다는 우정의 관계인 셈이다. 서로 가깝게 느끼고 유대감도 있고 따뜻한 마음도 느끼지만 열정에 뒤흔들리거나 미래를 함께 약속하지는 않은 상태이다.

　말하자면 그 사람에게 친근한 느낌은 들지만 나를 몸이 달아오르게 하거나 정열적인 욕구를 불러일으키는 것도 아니고 앞으로 남은 생애 동안 두 사람이 함께하자고 약속하는 것도 아닌 관계를 말한다.

　이 남녀처럼 친하게 느껴지면 상대방이 어딘가로 떠나 있을 경우에 보고 싶을 때도 있지만, 그리움 때문에 아무 일도 할 수 없거나 상실감이 너무 큰 경우는 없다.

본인이 말한 것처럼 해리와 샐리가 몇 년씩 헤어져 있어도 서로 사무치게 그리워했던 것 같지는 않다. 해리와 샐리처럼 차차 다른 정서가 싹터서 우정이 사랑으로 변해갈 수도 있지만, 그 경우에는 이미 이 유형에 속하지 않는다. 그럴 때는 다른 유형에서 내 사랑의 유형을 찾아보는 것이 좋다.

드라마에 곧잘 등장하는 여자들이 꿈꾸는 '영원한 이성 친구'가 여기 속한다. 상대방이 다른 남자나 여자를 사귈 때도 적극적으로 도와주고 이런 말도 서슴지 않는다.

"나는 네가 여자로 보이지 않아."

"네가 무슨 남자냐?"

대학 동아리에서 만나는 친구들 중에 아주 편하고 좋기는 하지만, 손을 잡아도 몸이 부딪혀도 전혀 짜릿한 느낌이 없는 사이가 여기에 해당한다. 하지만 이런 경우 발전적인 관계를 향해 갈 가능성도 아주 없는 것은 아니다.

그 남자를 보기만 해도 가슴이 뛰어요

이런 이야기를 해도 좋을지 모르겠어요. 저는 수업시간에 우연히 마주친 그 사람한테 반해버렸답니다. 그 사람의 태도, 말투, 걸음걸이, 웃는 모습, 모든 것을 보고 있노라면 그냥 가슴이 설레요.

고민하다가 자존심을 접고 고백을 했더니, 황홀한 얘기를 들려주었어요.

"나도 널 처음 보고 그런 느낌이었어."

우리는 일사천리로 모든 사랑의 코스를 다 따라갔지요.

그런데 일 년이 지난 지금은… 그렇게 가슴을 뛰게 하던 그의 태도, 말투, 걸음걸이, 웃는 모습을 봐도 가슴이 저리도록 아프지는 않아요. 함께 사랑을 나누고 나서 느끼던 행복도 조금씩 줄어드는 느낌이구요.

곰곰이 생각해보니 우린 사이엔 공통되는 화제가 거의 없어요. 게다가 자기는 영원한 사랑이니 결혼이니 하는 족쇄는 절대 믿지 않는데요. 자기 자신에게 충실하고 정직한 감정을 따라가고 그렇게만 살아도 인생은 충분히 그 의미가 있다는 거예요.

일상적인 이야기는 별로 통하지 않고 미래의 약속도 할 수 없는 이런 사이, 영원한 사랑이나 결혼 같은 건 믿지 않는다고 자신 있게 말하는 이 남자.

그나마 내 열정이 다 식고 저절로 열매가 땅에 떨어져버릴 때까지 이런 사이를 유지해야 할까요? 아니면 차라리 열정이 조금이라도 남아 있을 때 미련이나 추한 모습을 보이지 않고 헤어져야 할까요? 시간이 갈수록 제 마음은 지쳐만 갑니다.

3. 첫눈에 반하는 사랑

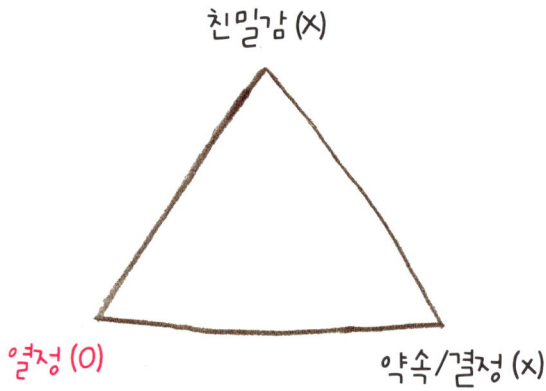

 이 사랑은 '한 눈에 보내버리는 사랑'이다. 열정에 가득 찬 사랑의 느낌을 경험하게 된다. 이 사랑은 본인 자신은 잘 모를 때에도 남의 눈에 들키기 쉬운 사랑의 형태이다.

 이런 사랑은 일순간에 불꽃처럼 타오르며 어떤 상황에서는 눈 깜박할 사이에 일어날 수도 있다. 이때 심리적인 열정, 육체적인 열정이 함께 생기며 가슴이 두근거리고 심장이 격렬하게 뛰며 강력한 성적 욕구를 갖게 되는 등의 양상이 나타나곤 한다. 갑자기 사람을 덮치는 열병과도 같은데 어떤 상황에서는 상당히 오랜 기간 동안 이런 사랑이 지속된다.

영화 〈러브 액츄얼리〉에 나오는 한 여자는 같은 직장의 남자에게 미칠 듯이 반한 상태지만 자기 마음을 아무도 모르는 줄로만 알고 있다. 직장의 상사가 그녀를 불러 그 사람에게 빠진 것을 모두 다 알고 있다는 이야기를 들려주자 여자는 기절할 정도로 놀란다. 그 마음을 감추려고 본인은 노력하지만, 결국은 숨기기 어려운 여러 가지 모습을 보이고 마는 것이다.

이는 처음 본 순간부터 격렬한 사랑의 정서에 사로잡히는 유형으로 영화나 소설의 단골 스토리이다. 대개 문학작품에서는 이런 경우 돈 호세와 카르멘의 사랑처럼 급속도로 진행된다. 그렇지만 대체로 이런 불꽃 같은 만남 뒤에는 기약 없는 이별로 끝나는 경우가 더 많다.

중요한 것은 이성의 외모나 생김새, 혹은 어떤 태도에 이끌리는 감정만이 사랑의 모든 것이 아니라는 마음가짐을 갖는 것이다. 그렇다면 부족한 부분을 채워서 사랑을 키워나갈 수 있는 기회를 만들 수도 있다.

🔵 결혼을 앞두고 헝클어진 마음은 무엇때문일까요

7년 동안 사귀어온 중학교 동창과 결혼 날짜를 한 달 앞두고 있습니다. 그런데 요즘 잠이 오지 않아요. 결론적으로 말해서 이 여자하고 결혼하고 싶지 않다는 마음이 자꾸만 고개를 듭니다.

이 무슨 무책임한 소리냐구요? 그렇습니다. 제가 생각해도 그렇다니까요. 그렇지만 책임감 때문에 이 결혼을 예정대로 끌고 나가야만 하는 것일까요? 그것이 우리 두 사람 모두에게 옳은 일인지 아닌지 모르겠습니다.

이제는 차라리 함께 있는 것보다 혼자 있는 것이 더 편합니다. 그녀를 재미있게 해주려고 늘 이런저런 준비를 했었는데 더 이상 그러고 싶지도 않습니다.

처음에는 재미있었냐구요? 글쎄요, 약간의 호기심은 물론 있었죠. 문제는 이제 그 호기심마저 다 사라져버렸다는 점입니다.

벌써부터 이렇게 무덤덤하고 권태로워진 상태에서, 그녀와 결혼을 약속했다는 이유만으로 웨딩 마치 속으로 걸어 들어가야 하는 걸까요?

4. 공허한 사랑

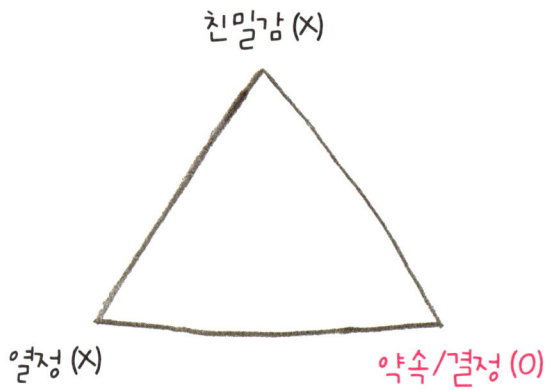

　두 사람이 서로 사랑의 약속을 하기는 했지만 친밀감도 열정도 없는 사이이다. 친밀감과 열정이 세월이 지나가면서 소진되어서 사라지는 경우일 수도 있다.

　두 사람의 사랑 약속이 강력한 것이라면 사랑의 관계가 어느 정도 지속될 수 있지만, 그렇지 못했을 때에는 '사랑 없음'과 비슷하게 진행될 수도 있다. 약속이라는 것은 훼손될 수도 있기 때문이다.

　어떤 문화에서는 이것이 오래된 사랑의 종착역이 되기도 한다. 그러나 중매 문화가 있는 우리나라 문화에서는 서로 사랑하겠다는 약속으로 점차 사랑을 키워나갈 수도 있다. 이런 경우에는 이것이 사랑의 종말이 아니라 사랑의 시작인 셈이다.

그런데 정략결혼이라고 불리는 결혼도 여기에 속한다.

엄청난 부잣집 아들이나 잘나가는 전문직에 종사하는 남자와 결혼하고 나서 심각한 우울증에 빠진 여자들이 더러 있다. 친밀감이나 열정 없이 빛나는 조건에 올인해서 결혼한 경우이다. 주위 사람들의 부추김도 한몫을 하기 쉽다.

평범한 의사인 남편에게 친밀감도 열정도 못 느끼는 플로베르의 소설 《보봐리 부인》의 주인공 보바리 부인의 권태로운 결혼생활이 여기 속한다고 볼 수 있다.

만약 그럼에도 불구하고 이 결혼을 계속 진행하고 싶은 생각이 있다면, 자신이 인생에서 어떤 사랑을 바라고 있는지 진지하게 생각해보아야 한다. 내가 가장 원하는 것이 안락하고 편안한 물질적인 삶이라면 크게 문제될 것이 없을 수도 있다. 혹은 성실하게 사랑의 약속을 지키기 위해 노력한다면 사랑이 새롭게 자라날 가능성도 없지는 않다.

🔵 그를 너무 사랑할 뿐, 다른 것은 필요 없습니다

나는 그 남자를 사랑합니다. 우린 신촌 거리를 걷다가 처음 마주쳤을 때 서로에게서 눈을 뗄 수 없었습니다. 아무것도 바라지 않습니다. 그저 가끔이라도 만나서 그를 바라보고 그의 품에 안겨 있고 싶다는 갈망 이외에는 다른 아무런 바람도 없습니다.

우리는 서로의 사랑을 확인하느라고 이런 저런 이야기 같은 것을 나눌 시간도 없어요. 일 분 일 초가 아까울 따름이랍니다. 그 남자도 자신의 눈동자처럼 영혼처럼 나를 사랑한다고 이야기합니다.

한동안 우리 두 사람의 영혼만이 순결하고 우리 사랑은 신도 깨뜨릴 수 없다고 믿었습니다. 만나서 차를 마시고 밥을 먹고 극장에 가는 사람들의 시시한 사랑이 가소로워 보일 정도였지요. 나에게 이런 열정적인 사랑이 찾아오다니, 내 인생을 전부 내어주어도 아깝지 않다고 생각했어요. 사회적 관습이나 제도 같은 것들은 다 약자들이 자기를 보호하기 위해 만들어놓은 울타리라고 생각했습니다.

'아무것도 필요 없어. 우리가 서로 사랑하는 한…'

우리는 서로의 눈을 들여다보면서 진지하게 약속했습니다. 두 사람 중 한 사람의 사랑이 식는 순간 헤어지기로… 화끈하고 쿨하게.

그런데 요즘 들어 점점 더 안정된 사랑과 미래를 바라는 제 모습을 발견하고 스스로 놀라고 있습니다. 양쪽 집안의 차이가 너무 크고 두 사람 사이에 현실적인 여러 가지 장애가 있는 것도 이제는 눈에 들어오기 시작합니다.

너무 행복하지만 이 사랑의 끝은 어디일지 가끔 두려움이 느껴지기도 해요. 이 마음이 나중에라도 그냥 식어버릴까봐요. 결혼이나 이런 절차가 없이도 우리 두 사람의 사랑은 그대로 지속될 수 있을까요?

5. 낭만적인 사랑

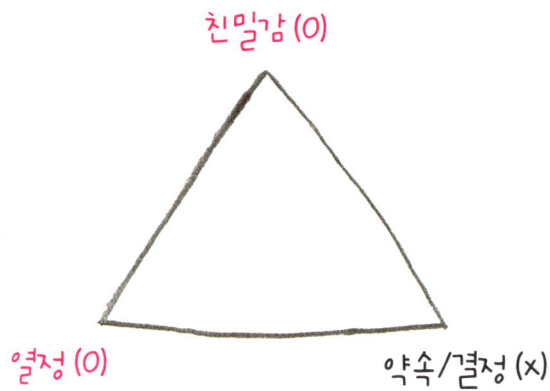

이 사랑은 친밀감과 열정의 극대화를 이루는 경우가 많다. 핵심적으로 이 사랑은 서로에게 육체적인 매력만 느끼거나 열정을 느끼는 것이 아니라, 정서적으로도 강력한 유대감을 느끼는 것이다. 이런 낭만적인 사랑이 바로 로미오와 줄리엣이나 이몽룡과 춘향의 관계에서 보여지는 사랑이다. 흥미로운 것은 두 경우 다 결혼의 서약을 하지만, 주위 사람들이 모여서 축하해주고 잔치를 베풀어주는 결혼처럼 관습과 제도에 따르는 결혼이 아니라 두 사람만의 약속으로 이루어지는 결혼의식을 치른다는 점이다.

이 사랑이 사실은 첫눈에 반하는 사랑과 같은 것이라고 주장하는 학자들도 있다. 다른 점이 있다면 우정과 매력의 결합인 셈이다.

친밀하기는 하지만 매력과 열정을 느끼기 어려운 약혼자와의 사랑에 회의를 느끼던 여주인공 맥 라이언은, 영화 〈시애틀의 잠 못 이루는 밤〉에서 낭만적인 사랑을 찾아, 일견 엉뚱해 보이는 사랑을 찾아 마음의 여행을 떠난다. 마침내 엠파이어스테이트 빌딩의 꼭대기에서 서로 만나는 여자와 남자. 관객들은 사랑이 완성되리라는 예감을 느끼면 행복한 심정으로 극장을 떠난다.

이처럼 현실적인 장애를 함께 극복할 의지를 지니고 낭만적인 사랑이 약속과 결합되는 쪽으로 나아간다면 더할 나위 없이 바람직할 것이다.

🔵 친구처럼 편한 여자를 두고 다른 여자에게 마음이 흔들립니다

어머니의 친한 친구분의 딸인 그녀와 곧 결혼을 합니다. 우리 두 사람 사이를 모두들 부러워합니다. 세상 사람들이 바라는 모든 것을 다 갖췄다나요. 두 사람 다 건강하고, 몰두할 만한 일도 있고, 가족이나 친구들도 결혼에 대찬성이고… 이제 우리 두 사람은 고속도로를 달려가듯 앞으로 나아가, 그 종점에서 결혼하고 아이를 낳고 아이들을 키우며 살아갈 일만 남았습니다. 서로 장래를 약속하고 함께 설계해나가고 있기도 하구요.

그녀가 여동생처럼 정답게 느껴집니다. 그런데 어느 날 문득 그녀가 오래된 친한 친구처럼만 느껴지는 내 마음 한구석에 무엇인가 비어 있는 듯한 생각이 들었습니다.

사람들이 흔히 말하는 열정적인 사랑을 느낀 적이 없었고, 그 사실에 별로 불만도 없었습니다. 그런 건 소설이나 영화에 나오는 소리라고 생각하기도 했습니다. 그러나 시처럼 꽃비처럼 쏟아져 내리는 그런 사랑의 정서를 경험해보지 못하고 이렇게 청춘의 막을 내려도 좋은가 하는 의문이 들기 시작했습니다.

그런데 우연히 알게 된 다른 여자에게 바로 그런 마음을 느끼고 있습니다. 가슴이 뛰고 다른 일들은 눈에 들어오지도 않는 몰입의 상태. 이 유혹적인 여자는 마치 영화의 한 장면처럼 나를 보고 웃고 있습니다. 인생의 발판이 다 흔들리는 이 느낌. 이제 저는 어떻게 해야 하는 것일까요.

6. 친구 같은 사랑

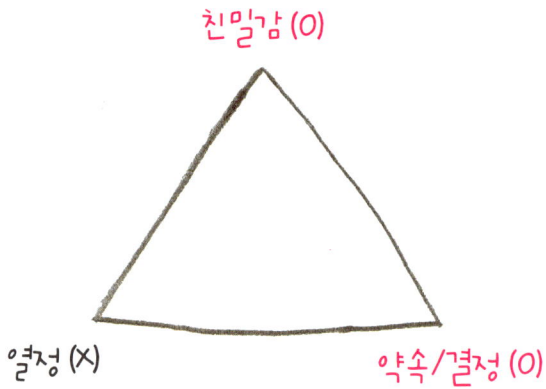

이 사랑은 친근함과 약속으로 이루어져 있다. 보통 장기간에 걸쳐 서로 약속을 나눈 친구 사이이다. 이것은 오래된 교제나 결혼에서 자주 나타나곤 하는 사랑의 유형이기도 하다. 친근함과 약속은 남아 있지만 이성을 향하는 열정은 이미 사라져버린 것이다.

그렇지만 이런 관계는 인생을 통한 동반자적 사랑이라는 개념으로 바라볼 수도 있다. 어떤 학자들은 오래된 우정과 약속의 관계가 가장 현실적이고 안전한 사랑이라고 보기도 한다. 열정은 크지 않아도 친밀감과 약속과 헌신이 있는 사랑이 사실은 결혼에 더 적합하다고 여기기 때문이다. 결혼은 현실이고 생활이라는 논리에 의하면 타당성이 있는 이야기일 것이다.

문제는 이런 사랑으로 맺어진 결혼이 나중에 미칠 듯한 열정을 불러일으키는 이성을 만날 경우, 파국에 이를 가능성도 있다는 점이다.

친밀감이 있는 동반자—제니퍼 애니스톤이 있었지만, 브래드 피트가 열정을 불러일으키는 여자—안젤리나 졸리를 만나는 순간 두 사람 사이는 그대로 물거품이 되어버리지 않는가. 간절히 아기를 원하는 브래드 피트의 마음을 헤아리지 못한 제니퍼 애니스톤이 자신의 경력을 위해 아기를 낳지 않았던 것이 파국에 일조를 했다는 이야기도 있다. 어쩌면 그는 버려진 아기를 입양해 진심으로 사랑해주는 안젤리나 졸리에게서 더 열정적이고 섹시한 매력을 느꼈을지도 모른다.

'우리 친구로 지내자.'

사귀던 사이에 결별을 선언할 때 나오는 상당히 예의바른 말이다. 그러나 이 말을 듣고 나서 화가 치솟는 이유는 무엇일까. 아마도 이 말이 그동안 평온함과 따뜻한 시간을 선사해주었던 우정이고 사랑이고 사실상 모두 다 거두어 가겠다는 말처럼 들리기 때문일 것이다

🔵 그를 보면 가슴속에서 북소리가 들리는 것 같아요

    그 사람을 만난 건 연극에 함께 출연할 때였지요. 처음 만났을 때부터 가슴속에서 북소리가 울리는 듯한 느낌이었습니다. 나중에 들은 얘기지만 그도 저와 똑같은 느낌이었다는군요. 마음과 몸에 불로 화인을 찍는 듯한 이 느낌. 우리는 사랑을 고백하고 장래도 약속했습니다. 뚜렷한 미래를 향해 서로 마음의 결정을 내린 거지요.
    "당신의 몸짓 하나, 말 한마디, 다 잊을 수가 없었습니다."
    "이제 나는 온 세상에 당신밖에는 가진 것이 없어요."
    공연에 등장하는 대사는 우리들의 마음 그 자체였고, 우리의 연기는 관객들의 절찬을 받았습니다. 세상이 다 우리 것만 같았지요.
    연극은 막을 내렸고, 불꽃처럼 달아올랐던 바로 다음 달에 결혼하기로 약속했습니다. 그런데 몇 번 만나면서 우리가 연극 속의 주인공이 되어 서로를 만났던 게 아닌가 하는 의구심이 들기 시작했습니다. 사랑의 대사는 여전히 혈관을 타고 돌지만, 오래지 않아서 분식집에서 마주앉는 평범한 인생을 덮을 만한 힘이 없다는 사실을 깨닫고 말았지요.
    연극이 끝나자 우리들의 사랑도 막을 내리고 있는 중일까요. 아니면 있는 그대로의 자기 자신으로 서로 사랑하기 위해서 시간이 필요한 것일까요. 초라한 일상을 견디어내고 우리들의 사랑과 결혼은 살아남을 수 있을까요.

7. 서두르는 사랑

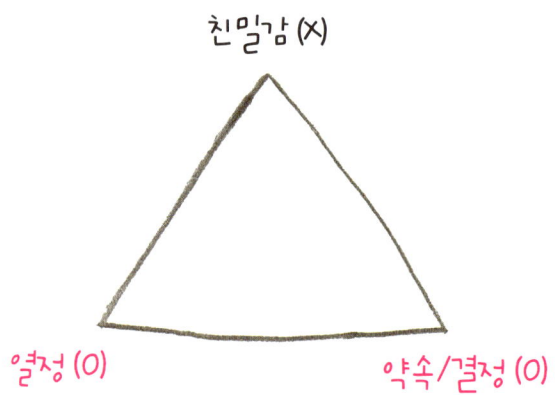

 이 사랑은 실제로 친밀감이 채 형성되지도 못한 열정과 약속의 사랑이다. 할리우드식 사랑이라고 말할 수도 있다. 회오리 바람에 휘말리는 사랑으로, 만나자마자 서로 반해서 바로 결혼을 약속하고 곧바로 결혼을 향해 달려간다. 서로 친밀감을 느끼기도 전에, 두 사람의 심리적인 관계가 안정되기도 전에 열정만 타오르는 상태에서 장래를 약속하는 것이다.
 정열은 순간적으로 일어날 수 있지만 친근감은 그렇게 빨리 생기지 않기 때문에 이런 급속한 정열과 약속은 없어지기도 쉽다. 시간을 두고 기다려보는 여유를 갖는 것이 도움이 될 것이다.

가수 브리트니 스피어스처럼 사랑과 결혼과 이혼이 초스피드로 진행되는 것이 가장 바람직하지 않은 경우이다. 이성으로서 사랑에는 빠지지만 인간적으로 서로 이해하고 배려하는 친밀감 없는 사랑은 단명하기 쉽다.

그 사람 생각에 잠을 이루지 못하고 보고 싶지만, 함께 있으면 왠지 불편하고 있는 그대로 나 자신을 드러내 보이는 것이 너무 어렵다면 결혼을 약속하기 전에 심사숙고해야 한다.

지나치게 서둘러 약속을 하고 정착하려는 사람들은, 사실상 이 사랑이 사라지는 것을 두려워해서 얼른 매듭을 지으려는 생각이 강한 것이다. 아니면 그 당시는 팽창되는 사랑의 정서에 몰입해서 이 사랑이 영원히 계속되리라는 맹목적인 믿음에 빠져 있을 수도 있다.

크고 튼튼한 사랑의 나무를 키우기 위해서는 함께 기다리는 시간을 가져보는 것이 좀 더 안전할 것이다.

진심으로 이 사람을 사랑하고 있어요

　우리들은 사귄 지 그렇게 오래되지는 않았습니다. 그렇지만 그녀를 볼 때면 오랫동안 함께해왔던 것처럼 평화롭고 안정된 느낌이 듭니다. 그러면서도 그녀가 입는 소박한 옷, 스카프 한 장, 머리에 꽂는 핀 한 개까지 새롭고 아름답습니다.

　이제 우리 두 사람은 여러 가지 어려움을 훌훌 털어버리고 꽃이 만발한 정원에 앉아 있는 것처럼 행복합니다. 우리는 진심으로 서로를 사랑하며 상대방의 입장에 대해 기꺼이 배려하려고 합니다.

　강요가 없는 사랑, 사랑하지만 상대방의 입장을 먼저 생각할 줄 아는 관계가 되기까지 어느 정도 시간이 걸렸습니다.

　이제야 나는 알 것 같습니다. 함께 사랑하고 살며 모든 어려움을 함께 견디고 함께 늙어가고 싶은 내 영혼의 반쪽을 현실에서 찾았습니다. 한때 열정에 휩쓸렸을 때 지녔던 맹목적인 사랑이 아니라 서로를 깊이 사랑하며 이해하는 마음이 듭니다.

　앞으로 우리가 할 일은 이 사랑의 나무가 잘 자랄 수 있도록 함께 물을 주고 가꾸는 일일 것입니다. 이 넓은 세상, 어떤 경우에도 나를 이해하고 내 편이 되어줄 한 사람을 갖게 되었다는 안도감이 앞으로 닥쳐올지 모를 어려움에 대비할 수 있는 힘과 용기를 줍니다. 축복해주세요.

8. 완전한 사랑

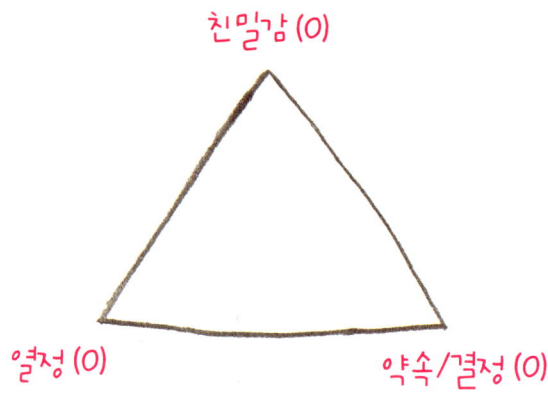

　이 사랑은 친밀감과 열정, 약속의 세 가지 요소가 모두 들어 있는 사랑이다. 이것은 우리들 대부분이 바라고 추구하는 사랑의 유형이다. 특히 낭만적인 사랑의 경우에 이런 모습을 추구한다.

　완전한 사랑에 도달한다는 것은 체중 감량처럼 우리가 추구하던 목표에 마침내 도달하는 것과 마찬가지일지도 모른다.

　완전한 사랑에 도달한다고 해서 저절로 그 사랑이 영원히 계속되는 것은 아니다. 이 사랑을 지키기 위해 꾸준하고 작은 노력을 지속해나가야 한다는 점은 마치 다이어트 프로그램과도 같다. 원하는 몸무게에 어느 순간 도달했다고 해서 그것이 노력 없이도 항상 유지되는 것은 아니기 때문이다. 몸무게 조절에 요요현상이 있듯이 사랑에도 요요현상은 언제든지 찾아올 수 있다는 생각을 잊지 말아야 한다.

완전한 사랑의 기억을 지닌 사람은 그런 경험이 전혀 없는 사람보다 그 목표를 향해 조금씩 움직이기가 좀 더 수월할 것이다.

완전한 사랑의 완성을 이루는 좋은 예가 있다. 그것은 바로 영화 〈슈렉〉의 슈렉과 피오나 공주의 사랑이다.

슈렉과 피오나 공주는 신분이나 외모에 관계없이 친밀감과 열정을 갖고 목숨을 건 약속을 지키는 완전한 사랑의 핵심을 보여준다. 미남미녀가 될 수 있는 마법의 기회를 버리고 괴물 같은 모습이라도 우리들의 사랑은 변하지 않는다는 두 사람의 신뢰는 어떤 고전적인 영화도 보여주지 못했던 사랑의 실체를 전해주었다.

갈등이 생기거나 의견 충돌이 일어나 다툴 때, 사랑이 식었다고 치부하여 성급하게 관계를 정리해서는 안 된다. 완전한 사랑은 하늘에서 떨어지는 게 아니다. 두 사람이 서로 노력하며 함께 가꾸어나가야 하는 큰 나무와 같다.

둘

너의 성격, 나의 성격

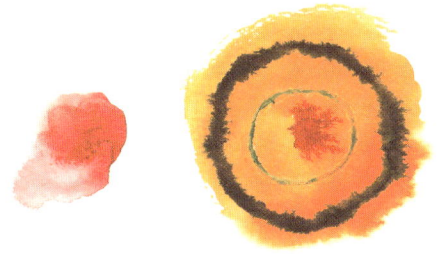

1) 다섯 가지 열쇠

　정신과 의사이자 현실치료의 창시자인 윌리엄 글라써는 사람들이 어떤 행동을 하게 되는 근본적인 동기로 다섯 가지 욕구를 꼽고 있다. 그것은 바로 생존, 사랑과 소속, 힘, 자유, 그리고 즐거움의 욕구이다.
　이러한 인간의 욕구는 기본적이고 본질적인 것이지만, 욕구를 충족시키기 위해 구체적으로 바라는 것은 각 개인에 따라 독특하고 고유하다. 이것들은 비현실적일 수도 있고, 변할 수도 있으며, 서로 갈등을 일으키기도 한다.
　살아가면서 원하는 것을 얻지 못할 때 좌절감을 경험하며, 이때 겪는 균형감의 상실과 불편함이 사람들이 행동하는 동기가 된다고 그는 이야기한다.

사랑활용법

1. 생존의 욕구

　살고자 하고, 생식을 통해 자기보존을 하고자 하는 욕구를 의미한다. 경제관념이 생기거나 성적인 부분에 이끌리는 것도 근본적으로는 이 욕구 때문이다. 이 보편적인 욕구는 여러 가지 양상으로 나타난다. 가장 명확한 것은 먹고 자고 따뜻하게 지내고, 종을 보존하기 위한 성적인 욕구를 지니는 것이다.
　생존하려는 욕구가 아주 높은 사람들은 보수적이고, 위험을 무릅쓰지 않으며, 소비하기보다는 저축을 한다. 안전 문제에 대단히 관심이 많고, 자신과 비슷한 사람들에게만 집착하며, 안정에 가치를 두고 새로운 일들이나 새로운 아이디어들, 새로운 사람들을 잘 믿지 않는다.

생존의 욕구가 낮은 사람들은 세상의 관습이나 통념을 따르기보다 도전하고 모험을 추구하는 경향이 있다. 당연히 생존이 가장 중요한 사람이 생존의 욕구가 낮은 파트너와 부딪치면 갈등이 생길 수밖에 없다.

2. 사랑과 소속의 욕구

　사랑하고, 나누고, 협력하고자 하는 인간의 속성을 말한다. 일반적인 예를 들자면, 자기 가족을 형성하려고 결혼하고 싶어 하거나 친구를 사귀고 싶어 하는 것, 또는 다양한 친목 모임에 참여하고 싶어 하는 것 등이다. 그렇지만 다정다감한 사람도 있고 대범한 사람도 있듯이 사랑의 욕구 자체가 높고 낮음은 사람들마다 다 다르다.
　고독은 인간이 경험할 수 있는 가장 고통스러운 감정 중에 하나이다. 그러나 다른 사람이 나를 사랑하도록 만들 수는 없다.

  많은 사람들이 이것을 이해하지 못하기 때문에 누군가를 사랑한다고 확신하기도 전에 깊은 관계를 맺기도 한다. 냉정한 상대방이 언젠가 자기를 사랑하게 되리라는 희망을 걸어보기도 하는데, 이런 경우는 사실상 드물다. 상대방의 마음을 바꾸어서 나를 사랑하게 만들려고 끊임없이 여러 가지 행동을 시도해도 만족스러운 이성관계를 맺기는 쉽지 않다.

3. 힘의 욕구

　경쟁하고, 성취하고, 중요한 존재이고 싶어 하는 욕구를 의미한다.
　힘의 욕구에 매력을 느끼면 사랑의 욕구 때문에 갈등을 느끼게 된다. 즉, 사랑과 소속의 욕구를 만족시키기 위해 이성 교제를 시작하지만, 힘의 욕구를 채우고 싶어 상대방을 자기 마음에 맞게 바꾸려고 하다가 결과적으로 좋은 관계를 파괴시키는 원인이 되기도 한다.

행복한 관계에 가장 큰 장애가 되는 것은 힘의 욕구를 만족시키려고 상대를 밀어붙이는 경우이다. 낭만적인 관계에서는 사랑과 성이 우정을 앞지른다. 그렇지만 우정이 튼튼하게 자리 잡지 못하면 사랑은 금세 시들고 만다. 무엇보다도 우정이란 상대방을 존중하고 배려하는 것이다. 또한 우정은 동등한 힘에 그 기초를 두고 있고 그 힘은 서로 주의를 기울이며 귀 기울여 듣는 데서 나온다.
　좋은 이성 파트너는 동시에 좋은 친구이다. 좋은 친구는 관대하며 강요하지 않는다.

4. 자유의 욕구

 자유의 욕구란 각자가 원하는 곳에서 살고, 대인관계와 종교 활동 등을 포함한 모든 삶의 영역에서 어떠한 방법으로 삶을 영위해나갈지를 선택하고, 자기 자신의 의사를 마음대로 표현하고 싶어 하는 욕구

를 말한다.

　가장 바람직한 것은 자기 욕구를 충족시키기 위해 상대방의 자유를 침범하지 않도록, 타협을 통하여 두 사람이 함께 좋은 사이를 유지할 수 있는 절충안을 찾는 것이다.

　바로 이런 자유를 원하는 성향 때문에 아주 친근한 관계에서도 갈등이 일어나곤 한다. 대체로 사람들은 자유의 욕구에 차이가 있는 사람들과 사귄다. 이럴 때 자유의 욕구가 낮은 쪽은 왜 상대방이 얌전히 안정된 상태에 머물러 있지 않고 어디론가 떠나고 싶어 하는지 도저히 이해하지 못한다. 또 자유의 욕구가 높은 쪽은 간섭받는 걸 싫어하는 자신을 이해하지 못하는 상대방을 받아들이기 힘들어한다.

5. 즐거움의 욕구

 새로운 것을 배우고, 놀이를 통해 즐기고자 하는 욕구를 말한다. 이 즐거움의 욕구를 충족시키기 위해 때로는 생명의 위험까지 감수하면서 자신의 생활방식을 과감히 바꾸어나가는 예도 드물지 않게 볼 수 있다. 생명을 걸고 암벽을 타거나 자동차 경주 같은 위험한 활동을 택하는 것은 그 좋은 예이다.
 일반적으로 사람들은 음악이나 미술, 독서, 여행 등을 좋아하는 방

향으로 즐거움의 욕구를 충족시키려는 경우가 많다.

즐거움은 두 사람을 함께 묶어주는 사랑의 본드이다.

좋은 관계를 위해서는 두 사람이 단 한 가지라도 같은 분야에 흥미를 보이고, 같이 배우려는 동기를 지니는 것이 필요하다. 두 사람이 같은 관심사를 함께 나누면 나눌수록 그들의 관계가 권태로워질 확률은 줄어든다. 즐거움이야말로 두 사람의 관계에 늘 신선함을 불어넣기 때문이다.

2) 욕구강도 프로파일

-나는 누구인가?
-내 이성친구나 배우자는 누구인가?
-두 사람의 관계에서 나는 어디까지 기대할 수 있는가?
-만약 그 기대가 깨어질 경우에는 어떻게 해야 하는가?

이런 질문에 대한 대답으로 글래써 박사는 자신과 상대방의 욕구강도 프로파일 (profile : 욕구강도 프로파일은 자신이 지닌 다섯 가지 기본욕구인 생존, 사랑, 힘, 자유, 즐거움의 욕구를 1부터 5까지의 숫자로 표시해서 욕구의 높고 낮음을 나타낸다)을 측정해보는 방법을 제시했다.

1. 두려움 없는 그녀가 두려워요
생존의 욕구 차이

고등학교 때 친구가 소개해서 사귀게 된 제 여자친구는 겁내는 게 없습니다. 정말 예쁘게 생기기는 했는데요. 어떤 때는 깜짝 놀랄 정도로 겁이 없는 거예요.

놀이동산에 가면 그 중에서 제일 무서운 걸로만 타려고 하고 다음 달에는 번지점프 하러 가자고 졸라댑니다. 옷도 티셔츠에 청바지면 준비 끝이에요. 그래도 차려입은 다른 애들보다 훨씬 매력 있지만요. 영화도 잔인 무쌍 공포 영화가 재미있다고 하구요. 처음에는 장난인 줄 알았는데 진짜더라니까요. 돈도 있으면 있는 대로 다 써버려요.

그에 비하면 나는 소심지존 킹왕짱이에요. 아직까지는 안 그런 척 하느라고 팔자에 없는 용기를 다 내고 있는데요. 이 여자는 말하다가 "그 자식 왜 그래?" 소리가 예사로 나온다니까요. 멀쩡한 집안의 멀쩡한 딸인데도 말이에요

자기는 이다음에 나쁜 놈들을 응징하는 정의의 사도로 살거나 해외

봉사단원으로 살고 싶다는군요. 아마도 집안이 어려워 힘들게 자라서 그런가 봅니다. 이 세상에 다른 건 다 참아도 자기만 알고 다른 사람들을 짓밟기를 예사로 하는 사람들은 그냥 두면 안 된다는 거예요.

"이놈들을 그냥…." 하는 말이 수시로 나온답니다. 이러다가 내가 '이놈들' 중에 하나가 되는 건 아닌지 두렵습니다.

우리 집은 경제적으로 여유가 있는데다가 안전 빵만 추구하는 집이거든요. 그렇지만 여자친구를 만나면 저절로 입이 벌어지고 너무 행복하기만 해요. 그녀를 잘 길들일 수 있을까요? 아니면 내 애타는 사랑을 여기서 접어야만 할까요?

이럴 때는 두 사람 사이에 사소한 일로 의견충돌이 끊이지 않을 가능성이 많다. 한쪽의 힘이 강해 다른 쪽을 억누르면 불만을 금세 겉으로 표현하지는 않지만 불행한 감정이 점점 자라난다.

유행하는 화려한 새 옷을 사고 싶어 하는 여자와 옷은 깨끗하고 검소하게 입으면 충분하다고 생각하는 남자 사이에도 사사건건 의견충돌이 일어나곤 한다.

생존의 욕구 수치가 함께 높거나 낮은 것은 상관없지만 두 사람이 보이는 수치가 크게 다를 때 갈등의 소지가 많다. 가령 이 욕구가 높은 남자와 낮은 여자는 서로 취향이 달라 갈등을 일으킬 소지가 다분하다.

이 경우처럼 모험을 좋아하고 관습이나 제도를 예사로 무시하는 여자친구와 안정적이고 보수적인 틀 안에서 살고 싶어 하는 남자 사이에는 불안이나 갈등이 일어나기 쉽다.

그렇지만 그렇기 때문에 사귀면 안 되는 것은 아니다. 이 남녀처럼 사람들은 자기와 다른 이성에게 매력을 느끼고 서로 끌리는 경우도 많기 때문이다. 두 사람의 사랑의 나무가 시들지 않게 하기 위해 서로 상대방이 원하는 것을 헤아려서 함께 의논하고 합의한다면, 어느 정도의 차이는 크게 문제가 되지 않을 것이다.

2. 사랑해, 사랑한다니까
사랑과 소속의 욕구 차이

친구의 오빠인 내 남자친구는 다정다감합니다. 텔레비전 프로그램에 나오는 자상한 남자들처럼 나를 헤아려주고 내 입장에서 생각해주려고 너무나 애를 써요. 그런데 문제는요, 처음 한 두 번은 그렇게 하는 게 신선하고 좋았는데 이제는 진짜 귀찮을 때가 더 많은 거예요.

금방 만나고 헤어져도 전화를 해서 잘 자라는 둥, 내 사랑은 너 뿐이라는 둥, 내 마음속에 담겨 있는 사람은 너 하나뿐이라는 이야기를 되풀이한다니까요. 헤어지고 한두 시간 후에 집에 돌아가면 어디 갔다 왔느냐고 꼬치꼬치 캐묻다가 마침내 '지금도 처음처럼 변함없이 나를 사랑하느냐', '너도 이 세상에 나밖에 없냐'고 끈질기게 물어보며 대답해보라고 채근까지 합니다.

의처증 증상이 아닌가 싶어 정말 어떤 때는 머리가 지끈거린다니까요. 다른 친구들하고 친하게 지내는 것도 싫어하구요. 내 일에 너무 몰두하는 것도 싫어해요.

낭만적인 사랑을 꿈꾸기는 했지만 이건 정말 아닌 것 같아요. 내가 원하는 남자는 나를 사랑하지만 나를 믿고 대범하게 대해주는 사람이거든요.

네? 그럼 왜 그 남자하고 사귀고 있느냐구요?

그러니까 아주 싫은 건 아니거든요. 선물도 많이 사주고, 나에 관한 건 사소한 것까지 다 기억해주고, 만날 때마다 깜짝 이벤트를 준비하고, 나를 공주처럼 대해주니까요.

그런데 어떤 때는 바로 그런 점이 싫어요. 이번에 만나면 진심을 털어놓아야 할까요? 조근조근 잘 이야기하면 이 남자의 성격을 고칠 수 있을까요? 아니면 시간이 좀 더 지나면 그런 점들이 다 괜찮아져서 처음처럼 다시 좋아질 수 있을까요?

이럴 때는 사랑의 욕구가 높은 쪽이 마음의 상처를 받는 경우가 많다. 이성 친구가 자신이 원하는 만큼 충분한 반응을 보여주지 않는다고 느끼기 때문이다. 반면 사랑의 욕구가 낮은 쪽은 지나치게 다정하고 배려하는 것이 성가시고 귀찮게 느껴질 수도 있다.

이 경우는 헤어질 때 작별 인사하는 것으로 충분하다고 생각하는 여자와 계속해서 전화하고 사랑의 맹세를 해야만 직성이 풀리는 남자의 이야기이다.

물론 두 사람 다 사랑의 욕구가 높으면 더할 나위 없이 좋다. 매일 무엇인가 기념하고 사랑의 맹세를 다시 하면서 사귈 수 있기 때문이다.

두 사람 다 사랑의 욕구가 낮아도 서로에게 큰 요구나 기대가 없어 평탄하게 지낼 수 있다. 그러나 이러면 어떤 심각한 문제가 생겼을 때 쉽게 이별을 결심하거나 냉전 상태에 들어갈 우려가 있다.

사랑의 욕구가 아주 높은 사람들이 상대방의 냉담함을 사랑으로 변화시켜보려고 생각하곤 하는데, 이런 기대는 실망으로 끝날 때가 많다. 그러나 두 사람이 서로 허심탄회하게 자신의 생각이나 느낌을 말하고 상대방의 입장을 헤아려서 수용할 수 있으면, 그 서로 다른 기질의 간격을 좁혀볼 수 있다.

3. 너는 결국 내가 원하는 대로 할 거야
힘의 욕구 차이

 소개팅에서 만난 제 남자친구 하는 말 좀 들어보세요. '네가 진정 나를 사랑한다면 내가 원하는 대로 할 거야' 라니… 이 무슨 시대에 뒤떨어진 소리냐구요. 이건 진짜 80년대 식 신파라니까요. 말하자면요. 잘생기고 집안 좋고 학벌 좋고… 다 좋은데 성격 좋고, 라고 말하기는 좀 꺼려지네요.
 사람들은 다 그 사람이 인사성도 밝고 대인관계도 원만하다고 말합니다. 그런 것 같기도 하지만, 그런데 나한테는 안 그런답니다. 아주 작은 일부터 큰일까지 나를 자기가 원하는 사람으로 바꾸려고 들어요. 집에서 왕자 대접받으며 자라서 그런지 내가 자기 뜻대로 하지 않으면 그렇게 기분 나빠할 수가 없다니까요.
 스커트 길이가 좀 더 길었으면 좋겠다든가, 레스토랑에서 큰 소리로 웃는 것은 결례라든가. 핸드폰을 받을 때는 딱 용건만 이야기하는 거지 그렇게 수다 떠는 게 아니라든가. 끊임없이 잔소리를 합니다. 그것두요, 아주 다정하게 말하거든요.

그리고 자기는 자신이 있다는 거예요. 글쎄, 자기 사랑으로 나를 완전 사랑스러운 여자로 변화시킬 수 있다나요. 이건 길에서 석쇠 위에 생선 굽는 것 같다니까요. 불 쪽으로 가면 뜨겁고 반대쪽으로 가면 차갑고….

그런데 왜 사귀고 있냐구요? 솔직히 놓치기는 너무 아까운 킹카거든요. 남 보기에 매너도 끝내주고요. 하지만 헤어지고 돌아서면서 저절로 내 얼굴이 굳어진답니다. 때론 해방감마저도 느끼구요.

정말 내가 이 남자가 바라는 대로 변할 수 있을까요? 나는 자기보고 바꾸라고 하지 않는데 왜 이렇게 나한테 바꾸라고 하는 게 많은지… 그렇다고 이런 대어를 이런 사소한 이유로 놓쳐야 하는 걸까요?

두 사람 다 힘의 욕구가 높지 않고 사랑의 욕구가 높으면 사이가 아주 좋다. 힘의 욕구가 높은 사람과 낮은 사람이 사귀는 것도 나쁘지 않다. 이렇게 되면 휘두르기 좋아하는 사람이 휘둘리는 사람에게 저항을 받는 경우가 적기 때문이다.

　그러나 두 사람 다 사랑의 욕구가 낮고 힘의 욕구가 높으면 팽팽한 긴장이 감도는 상태에 놓이곤 한다.

　이 남녀처럼 일일이 말하는 태도, 옷을 입는 취향 등에 관해 자기 식대로 강요하는 남자와 함께 있는 여자는 상당히 피곤해진다. 내 마음에 꼭 드는 사람으로 상대방을 개조하려 들면 사랑하는 마음은 점점 식어버릴 것이다.

　자신과 타인에게 해를 끼치는 경우가 아니라면 이성친구가 스스로 원하는 방식으로 살아갈 권리가 있음을 인정하는 것이 좋은 관계로 가는 첫걸음이다.

　누구나 모든 일에 일일이 강요를 받으면 인생이 고통스럽게 느껴진다. 힘의 욕구가 강한 여성은 가사 이외에 독립적인 자기 일을 갖도록 계획을 세워보는 것이 좋다. 여자가 결혼한 후에 자기 일을 갖는 것이 옳으냐 아니냐 하는 논쟁 자체는 별 의미가 없다. 자기 욕구강도에 맞는 삶을 살 수 있으면, 직업이 있나 없나 하는 객관적 기준과 관계없이 행복한 생활을 유지할 수 있기 때문이다. 다른 사람도 자기처럼 강요당하기 싫어한다는 것을 깨달으면 서로의 입장을 이해해서 갈등을 줄일 수 있다.

4. 구름처럼, 바람처럼
자유의 욕구 차이

구름처럼, 바람처럼… 이게 무슨 소리냐구요? 노래냐구요? 아니에요. 그냥 내 남자친구의 주제가랍니다. 우리는 캠퍼스 커플인데요, 어디 함께 가자던가 자기가 별로 원하지 않는 일을 함께 하자고 이야기하면, "나를 좀 내버려 둬. 나는 자유롭게 살고 싶어. 구름처럼, 바람처럼…"이라고 말한답니다.

아니, 자기는 그렇게 말하고 싶은 거 다 하고, 저 하고 싶은 거 다 하면서, 왜 나한테는 그것에 대해 한마디 할 자유조차 주지 않는 거냐구요.

구체적으로 말하자면요, 나를 만나러 오다가도 기분이 좀 그렇다 싶으면 그냥 한강 고수부지로 달려가서 하염없이 강물을 바라보고 앉아 있는 거예요. 전화를 하냐구요? 할 리가 없지요. 나중에 자기는 인생의 최고 가치가 자유라고 말해버리면 그만이거든요.

그게 무슨 자유냐, 무책임이고 무배려고 제멋대로인 거고… 화가 나서 그렇게 쏘아붙였더니 심각한 표정으로 나를 바라보더라구요. 내가 그렇게 마음에 들지 않으면 서로에게 그만 자유를 주자는 거예요. 지가 무슨 체 게바라인 줄 아는지 맨날 자유 아니면 죽음을 달라는 태도라니까요.

그렇다면 그만 그에게 자유를 주는 게 어떠냐구요? 어떻게 그렇게 해요. 내가 이렇게 사랑하고 있는데, 그리고 사실 얼마나 매력적이라구요. 그 쓸쓸한 듯한 매력적인 살인미소를 보면 모든 불만이 다 날아가버리는 걸요.

그래서 어제는 큰마음을 먹고 진심을 털어놓았어요. 자유도 좋지만 내 생각은 전혀 하지 않는 이런 관계가 너무 힘들다고 했더니, 영화배우처럼 포즈를 취하고 한동안 바라보더니 "나는 자유를 원해. 구름처럼, 바람처럼…" 이렇게 주제가가 다시 나오더라니까요.

어떻게 하면 좋지요? 구름도 아니고 바람도 아니면서 그렇게 되고 싶다는 남자하고는 교제를 그만 두어야 하는 게 아닐까요?

두 사람 다 낮거나 평균적인 자유의 욕구를 지니고 있으면 무난하다. 두 사람 다 자유의 욕구가 높을 때도 사랑의 욕구가 높고 힘의 욕구가 낮으면 괜찮을 수 있다. 사랑이 두 사람을 연결시켜주기 때문이다.

이 남녀처럼 구름처럼 바람처럼 떠돌고 싶은 사람은 자신의 자유를 조금이라도 제한하려고 드는 사람을 견디기 어려워한다. 비록 상대방이 현실적이고 상식에 맞는 이야기를 하고 있어도 마찬가지다.

한쪽은 자유의 욕구가 높고 다른 쪽은 자유의 욕구가 낮으면 보통 낮은 쪽이 언짢은 기분을 느끼곤 한다. 그래도 깊은 사랑을 지니고 있으면 상대방을 배려하게 되어서 이런 문제를 극복할 수도 있다.

항상 문제가 되는 것은 사랑의 욕구는 낮은데 다른 욕구들 간에 큰 차이가 나는 경우이다. 자유의 욕구가 강한 사람이 사랑하는 사람에게서 그 자유를 제한받지 않고 살 수 있으면 대단히 창의적이고 생산적이 될 수도 있다. 그리고 그 창의성이 두 사람 사이에 큰 도움을 주기도 한다.

5. 배우러 갈래, 놀러 갈래?
즐거움의 욕구 차이

나는 조용히 살아가는 게 낙인 사람입니다. 그저 무난한 공무원으로서의 일상생활이 똑같이 이어지는 게 그렇게 불편하지 않거든요. 어쨌든 가만히 있어도 강물은 흘러흘러 바다로 가고, 여름이 가면 그 다음에 가을이 오는 거 아니냐구요. 가만히 자기가 하는 일을 하면서 기다리면 모든 일은 순리대로 흘러가기 마련 아닌가요.

그런데요, 어떤 여자를 사촌 여동생 소개로 알게 되고 사랑에 빠져버렸답니다. 정말 작은 일에도 눈에 확 띄게 즐거워하고 큰 소리로 잘 웃고 유머 감각도 끝내준답니다.

그런 그녀가 어느 날 진지하게 자기 인생의 꿈을 이야기하더라구요. 새벽에 일어나서 앞치마를 두르고 정성껏 아침 준비를 하고 남편의 겨드랑이를 간지럼 태워서 수줍게 깨운 다음에 남편을 출근시키고… 물론 문 앞에 서서 손을 흔들고 배웅을 하구요. 그리고 설거지를 하고 집 안을 치우고 차 한 잔을 마시면서 행복한 하루를 보내고 저녁에 돌아올 남편을 위해서 이른 오후에 장을 보고 혼자 흐뭇해하면서….

이러한 시나리오를 들려주길래 깜짝 놀랐어요. 어쩌면 그렇게 내가 그리는 완벽한 아내의 꿈과 딱 들어맞는지요. 사실 나는 평소에 집안일에만 신경 쓰는 여자를 만나기 원했거든요.

앗, 그런데 이 이야기를 다 하지도 못한 채 사레 들린 것처럼 깔깔대더니 자기는 그렇게 사느니 그만 살고 말겠다는 거예요. 자기는 조선시대 여자처럼 그렇게 지루하게는 못 산다나요. 그러니 자기에게 그런 걸 바라려거든 애당초 꿈 깨라고 하더군요.

이게 도대체 무슨 소리지요? 나의 이상적인 결혼상을 이렇게 박살을 내고도 태연한 그녀. 다른 건 다 참고 넘어가도, 새롭고 창의적인 일이 있어야만 살 맛이 난다며 결혼 후에도 직장 일을 더 중시할 것만 같은 이 여자를 어쩌면 좋을까요? 내게 맞지 않는 금빛 잉어라고 생각하고 놓아주어야만 할까요?

두 사람 다 즐거움의 욕구가 높으면 사귀는 데 도움이 된다. 함께 활동할 영역이 많기 때문이다. 두 사람이 평균적인 즐거움의 욕구를 지니고 있어도 좋고, 두 사람 다 즐거움의 욕구가 낮아도 좋다. 쉽게 무엇을 할지에 대해 합의점에 도달할 수 있기 때문이다.

이 남녀처럼 늘 새롭고 재미있는 일을 찾아 나서는 여자와 안정된 생활에 안주하려고만 하는 남자 사이에는 갈등이 일어나기 쉽다.

두 사람의 즐거움의 욕구가 현저하게 차이가 나는 것은 어느 정도 위험부담이 있다. 이렇게 되면 둘 중 한 사람이 마침내 즐거움을 줄 다른 사람이나 일을 찾아 나설지도 모르기 때문이다.

즐거움의 욕구가 높은 사람이 즐거움의 욕구가 낮은 사람에게 상대적으로 끌리는 경우가 많은 것은 아니다. 하지만 우리나라처럼 중매 문화가 있는 한 이런 갈등을 겪는 사람이 아직도 많다. 즐거움의 욕구가 아주 높은 사람이 즐거움의 욕구가 아주 낮은 사람과 정착하는 것은 다시 생각해보는 게 좋다. 그렇더라도 두 사람이 다른 점들은 너무 잘 맞아서 깊이 사랑하고 있다면, 함께 즐거움을 나눌 만한 일을 꼭 찾아내 그 시간을 공유해보는 게 도움이 될 것이다.

3) 내가 측정하는 나와 이성친구의 욕구 강도 프로파일 테스트

이 프로파일은 객관적인 정답을 나타내고 있는 것은 아니다. 원한다면 여러 번 다시 해보고 수정할 수도 있다. 중요한 점은 이 성격 프로파일을 잘 이해할수록 이성친구나 배우자와의 관계를 더 잘 이해할 수 있게 된다는 점이다. 윌리엄 글라써 박사는 주관적으로 자신과 상대방의 욕구를 잘 분석해보고 생각해볼 기회를 갖기를 권장한다.

아래 질문에 대해 대답을 해보고, 다음과 같이 점수를 주어보자.

(나 / 이성친구)

전혀 그렇지 않다 : 1
별로 그렇지 않다 : 2
때때로 그렇다　 : 3
자주 그렇다　　 : 4
언제나 그렇다　 : 5

생존의 욕구

돈이나 물건을 절약한다. (/)
돈으로 살 수 있는 것에 각별한 만족을 느낀다. (/)
자신의 건강유지에 관심이 있다. (/)
균형 잡힌 식생활을 하려고 노력한다. (/)
성적인 관심이 많다. (/)
매사에 보수적인 편이다. (/)
안정된 미래를 위해 저축하거나 투자한다. (/)
부득이한 경우가 아니면 모험을 피하고 싶다. (/)
외모를 단정하게 가꾸는 데 관심이 있다. (/)
쓸 수 있는 물건은 버리지 않고 간직한다. (/)

(/)

사랑과 소속의 욕구

나는 사랑과 친근감을 많이 필요로 한다. (　/　)

다른 사람의 복지에 관심이 있다. (　/　)

타인을 위한 일에 시간을 낸다. (　/　)

장거리 여행 때 옆자리의 사람에게 말을 건다. (　/　)

사람들과 함께 있는 것을 좋아한다. (　/　)

아는 사람과는 가깝고 친밀하게 지낸다. (　/　)

이성친구가 내게 관심을 가져주기 바란다. (　/　)

다른 사람이 나를 좋아해주기 바란다. (　/　)

다른 사람들에게 친절하게 대한다. (　/　)

이성 친구가 나의 모든 것을 좋아해주기 바란다. (　/　)

(　/　)

힘의 욕구

내가 하는 일에 대해 사람들로부터 인정받고 싶다. (　/　)

다른 사람에게 충고나 조언을 한다. (　/　)

다른 사람에게 무엇을 하라고 지시한다. (　/　)

경제적으로 남보다 잘살고 싶다. (　/　)

사람들에게 칭찬 듣는 것을 좋아한다. (　/　)

내 밑에서 일하는 사람이 문제가 있을 때 쉽게 해고한다. (　/　)

내 분야에서 탁월한 사람이 되고 싶다. (　/　)

집단에서 지도자가 되고 싶다. (　/　)

자신을 가치 있는 인간이라고 느낀다. (　/　)

내 성취와 재능을 자랑스럽게 여긴다. (　/　)

(　　/　　)

자유의 욕구

사람들이 내게 어떻게 하라고 지시하는 것이 싫다. (/)
내가 원하지 않는 일을 하라고 하면 참기 어렵다. (/)
다른 사람에게 어떻게 살아야 한다고 강요하면 안 된다고 믿는다. (/)
누구나 다 인생을 살고 싶은 대로 살 권리가 있다고 믿는다. (/)
인간의 자유로운 선택 능력을 믿는다. (/)
내가 하고 싶은 일을 내가 하고 싶은 때 하고 싶다. (/)
누가 무어라고 해도 내 방식대로 살고 싶다. (/)
인간은 모두 자유롭다고 믿는다. (/)
이성 친구의 자유를 구속하고 싶은 생각이 없다. (/)
나는 열린 마음을 지니고 있다고 믿는다. (/)

(/)

즐거움의 욕구

큰 소리로 웃기 좋아한다. (　/　)

유머를 사용하거나 듣는 것이 즐겁다. (　/　)

나 자신에 대해서 웃을 때가 있다. (　/　)

뭐든지 유익하고 새로운 것을 배우는 것이 즐겁다. (　/　)

흥미 있는 게임이나 놀이를 좋아한다. (　/　)

여행하기를 좋아한다. (　/　)

독서하기를 좋아한다. (　/　)

영화나 공연 구경 가기를 좋아한다. (　/　)

음악 감상하기를 좋아한다. (　/　)

새로운 방식으로 일하거나 생각해보는 것이 즐겁다. (　/　)

(　　/　　)

이렇게 대답을 해보아서 나오는 점수의 합계를 알아본 후에 평균을 내보면 대체로 내 욕구강도 프로파일을 알아볼 수 있다. 윌리엄 글라써 박사는 사람들이 대체로 3을 중심으로 2나 4의 프로파일을 보일 가능성이 많다고 보고 있다.

1은 아주 낮음, 2는 평균 이하, 3은 평균, 4는 평균 이상, 5는 매우 높음을 나타낸다.

두 사람의 점수가 비슷하면 여러 가지 일에 쉽게 합의할 수 있다. 그러나 두 사람 사이의 점수 차이가 2점이 넘는 부분에 대해서는 서로 양보하고 합의하여 조정할 필요가 있다. 기질이 다른 사람에게 자기주장만 내세운다면 좋은 관계를 유지하기 어렵다.

여자와 남자 두 사람의 욕구 프로파일이 어떤 경우에 잘 맞는가 하는 것을 한두 가지의 예만 가지고 설명하기는 어렵다. 상당히 복합적인 요인을 지니고 있기 때문이다. 위 질문들만이 유일한 질문인 것은 아니다. 일상생활에서 벌어지는 사소한 일이나 갈등에 관해 스스로에게 질문을 던져볼 수도 있다. 영화나 드라마, 소설에 나오는 주인공들의 프로파일을 내어보는 것도 도움이 될 것이다.

셋

결혼 이야기

희망 찾기

어떤 독신녀에게 주위 사람이 물었다.
"결혼 안 하신 특별한 이유라도 있으세요?"
"사실은 내내 이상적인 남성을 찾고 있었거든요."
"저런, 그런데 찾지 못하셨군요."
"그런 건 아니에요. 찾기는 했었지요."
"그런데…?"
"그 남자도 이상적인 여성을 찾고 있더라구요."
인생의 아이러니를 경험하게 만드는 농담이 아닐 수 없다.
결혼이란 어쩌면 서로 깨어진 꿈을 위로하며 살아가라고 신이 맺어준 상당히 인도적인 시스템인지도 모른다.

요리하는 남자는 섹시한 남자

중년 부인 둘이 남편 이야기를 나누고 있다.
"우리는 결혼한 지 이십 년짼데 우리 집 양반은 늘 음식투정을 해요."
"어머나, 어떻게 그런 불평을 이십 년씩이나 참고 지내셨어요?"
"참고 말고 할 게 뭐 있나요. 자기가 만든 음식을 가지고 자기가 투정하는데…."
옛날 같으면 상상도 하지 못할 농담이다.
결혼한 젊은 세대들의 불평 중에 아내가 음식을 제대로 안 만든다는 내용도 상당한 비중을 차지한다.
그렇지만 집안일을 따로 배우지 않고 동등한 교육을 받은 젊은 남녀가 결혼식이라는 절차를 거친 다음, 돌연 아내만 음식을 만들고 남편은 그 음식을 시식하기만 하려고 드는 것은 두 사람의 관계에 별로 도움이 되지 않는다.
이 문제 해결의 첫걸음은 서비스를 받던 사람이 때로는 서비스하는 기회를 가져보는 것이다.
"오늘 저녁은 내가 돼지갈비찜을 쏜다."

이렇게 말하는 남편이나 아버지는 예상하지 않은 즐거움을 줄 수 있는 법이다.

요리는 생각보다 어렵지 않다. 우선 칼질을 해놓은 돼지갈비를 한 팩 사는 것이다. 그리고 잘 씻은 돼지갈비가 잠길 정도로 냄비에 물을 붓고 불 위에 올려놓으면 물리학의 법칙에 의해 제가 안 익고 배기겠는가.

어떻게 간을 맞추고 요리를 하는가, 걱정하지 않아도 된다. 한 손에 국자를, 다른 손에 간장병을 들고 하염없이 큰 냄비 앞에 서 있으면 아내가 웃으며 다가와 간도 맞추어주고 양념도 협조를 해줄 것임이 분명하다.

얼마나 좋은가. 저녁 식탁에서 큰 접시에 맛깔스럽게 담아놓은 돼지갈비찜을 앞에 놓고, "이게 바로 내가 만든 요리다." 하고 아버지가 수상쩍지만 자랑스럽게 말할 때 집안이 화기애애하게 변하지 않을 도리가 없다.

중요한 건 그런 용기를 내는 남자를 비웃거나 귀찮다며 부엌에서 나가라고 추방하지 말아야 한다는 점이다. '참 잘했어요.' 하는 도장을 한 번 받고 나면 그 다음부터는 인생에 절로 동기가 생기는 법이다.

요리하는 남자는 섹시한 남자다. 정명훈이 지휘봉을 들고 있을 때 멋진 것은 말할 것도 없지만, 요리하는 장면에서 그의 매력은 최고조에 달한다. 요리처럼 누구나 할 수 있는 일을 못하는 것이 절대로 자랑이 되지 않는 세상이 오고 있기 때문이다.

함께 걷는 길

　일전에 영국 방송이 어떤 특정 장소에서 다른 장소까지 가장 빨리 가는 방법을 공모한 적이 있다. 이를테면 서울에서 부산까지 가장 빨리 가는 방법은 무엇인가 하는 식의 문제였다.
　비행기로 간다, 고속철로 간다, 버스로 간다, 승용차로 간다 등 온갖 대답이 몰려들었지만 일등상을 받은 답은 '마음이 맞는 사람과 함께 간다' 였다고 한다.
　물리적인 거리만 생각한 사람들에게 심리적인 거리의 중요성을 일깨워준 대답이었다.
　며칠 전 그 이야기가 새삼 떠오르게 하는 중년 여성을 만났다. 그녀가 들려준 이야기는 사소한 일 같지만 참 인상적이었다. 하는 일이 여러 가지로 여의치 않자 남편이 크게 낙담했다고 한다. 그가 의욕을 잃고 의기소침해 있을 때 돕고 싶었지만 경제적인 문제라 도울 길도 별로 없더라는 것이다.
　이 여성이 선택한 방법은 남편이 산책을 나설 때 따라나서는 것이었다. 설거지를 하다가도 드라마를 보다가도, "나 좀 걷다 올게." 하고 남편이 말하면, 만사를 제치고 따라나서서 함께 걸었다.

그렇게 하기를 두세 달이 지나자 남편의 우울증이 점점 완화되는 기색이 보였고, 얼마 전에는 남편이 인생에서 만난 친구들 중에서 당신이 가장 좋은 친구라고 머뭇거리면서 고백했다고 한다. 자기 곁에 함께 걷는 사람이 있다는 사실이 그렇게 큰 위로가 될 수 없었다며, 아내를 위해서라도 자기가 다시 일을 시작해야겠다는 의욕이 생겼다고 말하더라는 것이다.

적당한 속도로 걸을 때 사람들의 마음이 제일 평온한 상태에 이른다고 한다. 수도하는 사람이 모여 사는 곳엔 반드시 산책할 장소가 있

는 것을 보면 그 이야기도 일리가 있다. 이즈음에 가족들 간 불화를 호소하는 사람들을 보면, 상징적으로도 실제적으로도 함께 걷기를 그만두는 경우가 많다. 상대방과 함께 걷기를 거절하거나, 함께 걷다가 되돌아서서 다른 길로 가버리거나, 혹은 속도가 맞지 않아 서로 화를 내다 마침내 헤어지는 사람들도 있다.

남편의 이야기를 담담하게 들려주던 그 여성은 웃으면서 이야기를 마쳤다.

"함께 걷기만 했는데 남편에게 큰 힘을 준 것 같아요. 저도 사실은 남편의 고백을 듣고 가슴이 뭉클하고 마음속으로 놀라기도 했어요."

결혼과 침대

외국에서 결혼 상담을 할 때 부부 간의 성문제를 묻는 완곡한 질문이 하나 있다.

"두 분이 같은 침대를 쓰십니까?"

같은 침대를 쓰지 않는다는 대답이 나온다면 여러 가지 문제가 누적되어 있는 경우가 많기 때문이다.

이쯤 되면 '침대는 가구가 아닙니다. 과학입니다.' 라는 광고 카피 대신 '침대는 가구가 아닙니다. 사랑입니다.' 라는 문안이 나올 법도 하다.

그렇지만 침대도 침대 나름이다.

그리스 신화에 나오는 노상강도인 프로크루스테스는 괴상한 철제 침대를 준비하고 나그네를 괴롭힌다. 그는 나그네를 이 침대에 눕게 해서 침대보다 다리가 짧으면 강제로 잡아 늘이고 침대보다 다리가 길면 그 길이만큼 잘라버렸다.

무조건 배우자가 틀렸다고 일방적으로 공격하는 사람들의 이야기를 듣고 있으면, 이 사람들이 사랑의 침대가 아닌 프로크루스테스의 침대를 침실에 놓고 있는 것은 아닌가 싶을 때가 있다.

남편이 일주일에 한 번 시부모에게 가자고 하는 것이 마마보이의 증세이기 때문에 고치지 않으면 이혼을 불사하겠다고 우기는 아내도 있고, 매일 시부모에게 문안 전화를 하지 않는 아내가 너무 방자하기 때문에 함께 살 수 없다고 우기는 남편도 있다.

이들처럼 타협의 여지없이 배우자에게 일방적으로 강도 높은 강요를 하는 사람들은 그렇지 않아도 힘든 인생의 여정에서 프로크루스테스의 침대를 떠메고 유랑하는 사람들과도 같다.

내 마음의 침대에 배우자가 들어맞지 않을 때 서로 상대방의 다리를 늘이거나 자르려고만 든다면 앞으로도 화해와 안정을 얻기는 어려울 것이기 때문이다.

뒤돌아보지 말고 다만 앞으로 나아가라

언젠가 맑은 초가을 날, 친지의 야외 결혼식에 참석한 적이 있었다.

신랑은 세 번째 결혼이고 신부는 두 번째 결혼이었다. 사회자는 신랑과 신부가 이 결혼에 대비해서 연습을 많이 했기 때문에 이번 결혼은 아주 성공적일 것이라고 말해 좌중의 폭소를 자아냈다.

검소한 투피스에 조촐한 보라색 꽃다발을 든 신부와 베이지색 옷을 차려입은 신랑은 행복해 보였다. 전원주택의 뒤뜰에서 이루어진 결혼식에 온 하객들은 신랑과 신부의 앞날에 진심 어린 축하를 보냈다.

가장 감동적인 부분은 주례사의 내용이었다. 주례를 맡은 분은 구약성경의 한 부분을 인용했다.

소돔과 고모라를 멸망시킬 때 하나님은 롯의 가족을 택해 구원을 약속했다. 그리고는 롯의 가족에게 이르기를 절대로 뒤돌아보지 말고 즉시 떠나라고 했다는 것이다. 롯의 아내는 이 분부를 어기고 소돔과 고모라 땅을 뒤돌아봄으로써 그 자리에서 소금기둥이 되었다.

주례는 이 부부에게 이런 말을 주고 싶다고 했다.

"뒤돌아보지 말고 다만 앞으로 나아가라."

새로운 땅에서 새롭게 출발하기를 간곡히 바란다는 주례사는 참석한 사람들의 가슴에 따뜻한 온기를 불어 넣어주었다. 집으로 돌아오면서 '과거는 우리가 선택한 만큼만 우리를 구속한다'는 말이 새삼스럽게 마음에 와 닿았다.

남편의 답과 부인의 답

 인상적인 영화 한 편을 본 적이 있다. 죽은 사람들은 모두 연옥에서 일주일 동안 머무르면서 면접관으로부터 질문을 받는다.
 "당신의 생에서 가장 행복했던 순간은 언제인가."
 그 순간을 찾아낼 수 있는 사람은 다른 기억을 다 잊고 평화를 얻어 영원 속으로 사라지게 된다.
 이 영화 속의 한 에피소드에서 흥미 있는 결혼의 단면이 엿보인다.
 결혼생활 40년 만에 죽은 남자는 쉽게 행복했던 순간을 선택하지 못한다. 나무랄 데 없고 다정한 아내였지만 약혼자가 전사한 가슴 아픈 과거를 지니고 있어 그 사실이 항상 남편에게 부담이 되었던 것이다.

마침내 남편은 처음으로 아내와 영화를 보고 나와 벤치에 앉아 있던 장면을 선택한다. 그러나 아내는 가장 행복했던 순간으로 전사한 약혼자와 꽃잎이 떨어져 내리는 벤치에 앉아 있던 장면을 택했다.

그렇다고 두 사람의 결혼생활이 행복하지 않았던 것은 아니었다.

물론 인생의 가장 행복했던 순간을 공유할 수 있다면 부부에게는 더없는 축복이 될 것이다. 그러나 행복한 순간을 공유하자고 늘 강요한다면 오히려 누릴 수 있는 행복의 여백조차 사라지는 것이 아닐까.

사람들의 관계에는 우리 힘으로 풀어낼 수 없는 깊은 부분이 내재되어 있기 때문이다.

결혼의 이면

《결혼은 미친 짓이다》라는 소설이 화제를 모은 적이 있다. 아마도 그 제목에 사람들이 은근히 공감하는 부분이 있기에 그 책이 관심을 끌었을 것이다.

아닌 게 아니라 한때 마음이 끌렸다는 이유로 남녀가 일생을 서로 담보 잡히려 든다는 점에서 본다면, 결혼이란 미친 짓이라고 말해도 과언이 아닐 만큼 비합리적인 행동일 수도 있다.

신데렐라 백설공주 이야기가 왕자님과 결혼하자마자 허겁지겁 막을 내리는 이유도 그 뒤에 나타날 생활의 과로나 권태를 그리기가 힘겨워 그랬을 것이라는 농담 섞인 추측도 있다.

  결혼하는 것이 정말 미친 짓이라면 과연 어떻게 사는 것이 정상적일까.

  독신으로 혼자 돈을 세고 앉아 있는 스크루지나 책에 파묻혀 있는 파우스트도 말년에 이르러 삶의 무의미함을 느끼고 다른 삶을 추구하고자 한다. 화려한 파티가 끝난 후 혼자 앉아 있는 비올레타도 프로는 아름답다고 주장하며 독신을 고수하는 인기인도 그 이면에 쓸쓸함을 지니고 있다.

  결혼을 파기했던 사람들조차도 대부분 결혼이 문제가 아니라 사람이 문제라는 확신 아래 다시 재혼하는 경우가 많다. 그렇다면 이거야말로 두 번 미치는 짓이 아닌가.

  하기야 모든 미친 짓은 그 이면에 그럴 수밖에 없는 이유를 지니고 있다는 점이, 바로 삶 자체의 풀기 어려운 수수께끼가 아닐까.

행복한 결혼, 불행한 결혼

러시아의 문호 톨스토이는 《안나 카레니나》에서 행복한 결혼은 다 비슷하지만, 불행한 결혼에는 수도 없이 많은 유형이 있다고 말한다. 배우자의 외도, 몰인정, 폭력, 거짓, 배신, 일가친척들의 간섭, 경제적 문제, 성격 차이 등 불행한 결혼의 유형은 이루 다 열거하기 어렵다.

우리나라의 나이 든 사람들은 옛날부터 결혼문제에 대해 독특한 처방전을 지니고 있었다. 울며불며 달려온 앳된 새댁을 앉혀놓고 옆집 할머니는 가만가만 손을 잡아가며 달랬던 것이다.

"자네가 애를 많이 쓰네. 그래두 그 사람이 마음 하나는 정직허잖어."

"얼마나 시집살이가 힘이 들어그래. 허지만 신랑이 마누라는 끔찍이 여기니 그걸 위로루 삼아야지 어째."

"그 사람이 원래 나쁜 사람은 아니지. 그러다 보믄 새댁 마음을 알아줄 날이 오지. 암, 오구말구."

새댁이 푸념하는 것을 들으면서 고달픈 삶을 위로해주고, 그건 네 잘못이고 이건 네 서방의 잘못이다, 이렇게 조목조목 따지지 않고 배우자의 좋지 않은 점에서 눈을 들어 좋은 점을 바라보도록 다독였던 것이다. 이런 민요조 가락의 이야기를 듣다 보면 울음이 잦아들고 새댁은 다시 살아볼 용기를 낼 수 있었다.

얼음이 어는 데는 결빙점이 필요하다. 그 결빙점에 이르러 이혼이라는 극약처방을 하기 전에, 관점에 변화가 오도록 시도해볼 필요는 있다. 배우자가 서로 나쁜 점보다는 좋은 점에 시각을 돌리려고 노력하는 동안 화해에 이르는 경우도 많기 때문이다.

결혼과 시시포스 신화

신의 벌을 받게 된 시시포스는 괴로운 노역에 시달린다. 커다란 바위를 산꼭대기까지 힘들게 밀어 올리면 그 바위가 그냥 떨어져 내리고 다시 힘들게 밀어 올리면 또 떨어져 내린다.

카뮈는 세상에 던져진 인간의 실존과 저항을 나타내는 예로 이 신화를 들고 있다.

아마 결혼을 힘겹게 여기는 사람들은 자신을 시시포스와 비슷하게 느끼고 있을지도 모른다. 어떤 일을 해치워도 되풀이해서 유사한 일이 기다리고 있기 때문이다. 더구나 자기 바위가 배우자의 바위보다 훨씬 더 무겁다고 느껴질 때 회의가 들지 않을 수 없을 것이다.

"이즈음에 행복한 결혼, 참 보기 드뭅니다. 왜 그렇게 문제들이 많은지요. 아주 행복하다고 알려진 부부들도 자세히 살펴보면 한쪽 배우자 속이 다 문드러진 경우가 많아요."

어느 모임에서 정신과 의사 한 사람이 던진 이야기였다. 한쪽 배우자가 밀어 올리는 바위의 무게가 감당하기 어렵도록 무거운데 상대방은 전혀 모르고 있다는 이야기다.

"원 세상에 누가 행복할라구 사나요? 남편이나 아내나 다 사는 게 힘들고 그렇지요."

이런 심드렁한 발언을 하는 부부가 오히려 건강한 결혼생활을 유지하고 있는 경우도 많다는 것은 흥미롭다. 과연 우리에겐 결혼생활에서 얼마만 한 무게의 바위까지 밀어 올릴 의무가 있는 것일까?

결혼의 지혜

　이솝우화에는 유달리 당나귀 이야기가 많이 나온다. 적당히 근면하고 적당히 어리석고 적당히 꾀를 피우려고 드는 동물이기 때문에 사람과 상당히 비슷해 보여서 그럴지도 모른다.
　우화 중에 이런 당나귀의 이야기가 있다.
　어째서 자기만 이렇게 힘든 일에 시달리면서 아무 귀염도 받지 못하는가. 그리고 하는 일 없는 강아지는 어째서 주인의 귀여움을 받는가 하는 의문이 생긴 당나귀는, 강아지가 과연 어떻게 주인을 대하는지 궁금해서 창문 안쪽을 들여다보았다. 그랬더니 강아지는 주인의 무릎에 뛰어올라 얼굴을 핥고 꼬리를 흔들며 야단법석을 쳐댔다. 그러자 주인이 헤벌쭉 웃으면서 머리를 쓰다듬고 맛있는 음식을 주는 것이었다.
　'옳거니, 바로 이것이 비결이로구나.' 하고 생각한 당나귀는, 다음 날 저녁에 주인이 들어오자마자 방 안으로 덤벼들어 앞발을 들어 주인의 무릎에 척 얹어놓고 힝힝거리며 주인의 얼굴을 핥고 꼬리를 흔들었다.
　주인은 이 당나귀란 놈이 미쳤는가 보다라고 화를 내면서 몽둥이질을 하고 밖으로 내몰았다. 꾀를 내어보기는 했으나 효과가 없었던 것이다.

  배우자에게 사랑받는 사람이 되기 위해서는 어떻게 하는 것이 좋은 가라는 이야기들이 여성잡지를 뒤덮고 있다. 이런 사람들을 향해 이야기 속의 당나귀는, 자신의 기질과 배우자의 기질을 잘 살펴보지 않고 다른 사람이 하는 대로 따라 하다가는 더 큰 낭패를 볼 수도 있다는 것을 들려주고 있는 셈이다.

환상적인 결혼이라는 미신

　영국의 극작가 버나드 쇼는 인생에 대한 탁월한 통찰력을 지니고 있었고 유머 감각이 풍부한 사람이었다.
　서구에서는 불운을 상징하는 13이라는 숫자와 금요일이 겹치는 13일의 금요일에는 되도록 결혼식을 안 하는 관례가 있다.
　사람들이 어느 날 그에게 재미있는 질문을 던졌다.
　"선생님은 13일의 금요일에 결혼한 사람이 불운에 빠진다는 것을 믿으십니까?"

버나드 쇼는 즉시 대답을 했다.

"그럼요, 믿고말고요."

질문을 던진 사람은 의외라 다시 물었다.

"그렇다면 선생님도 미신을 믿으십니까?"

버나드 쇼는 미소를 띠며 대답했다.

"그게 아니라, 결혼해서 불운에 빠지는 게 왜 그날이라고 예외가 되겠습니까?"

위트와 풍자가 담긴 답변이 아닐 수 없다. 모든 사람들은 행복을 꿈꾸며 결혼을 하는데, 그는 의외의 반격을 가한 것이다.

나날이 상승곡선을 그리고 있는 이혼율은, 자기가 결혼한 후 기대했던 행복은 고사하고 평범하게 살기도 어려운 불행을 겪고 있다고 느끼는 데서 기인할 것이다. 그리고 아마도 그 불행이 배우자 탓이라고 생각하는 것도 그 결정에 일조를 할 것이다.

내 인생의 행복을 내놓을 의무가 배우자에게 있으니 내놓으라고 조르기 시작하면, 그 결혼이라는 배는 바다 한가운데서 만만찮은 풍랑을 만난 격이다.

역설적으로 버나드 쇼가 결혼했다면 상당히 행복한 결혼생활을 누렸을지 모른다는 생각도 든다. 그는 환상적인 결혼에 대한 기대를 지니고 있지 않아서 배우자에게 요구하는 것이 그리 많지 않았을지도 모르기 때문이다.

스트레스 없는 결혼

"당신은 배우자 때문에 스트레스를 받아본 적이 있는가?"

이렇게 물으면 대부분의 사람들이 그런 경험이 있다고 대답할 것이다.

"배우자 때문에 스트레스 받아본 적은 전혀 없어요. 그냥 매일 매일이 행복하기만 해요."

이렇게 대답하는 사람이 있다면 가히 제정신이라고 보기 어렵다.

현대사회에서 스트레스에 대한 개념은 한 가지로 일치되지 않으며, 외부 상황에 대한 사람들의 반응이라는 정도로 이해되고 있다.

스트레스 그 자체는 본질적으로 좋지도 나쁘지도 않은 생활의 일부분이다.

스트레스가 너무 없으면 삶이 지겹고 무감각해지고, 스트레스가 너무 심하면 체력이 탈진되고 조기 노화가 일어날 수도 있다.

많은 사람들이 이상적인 배우자의 조건으로 유머 감각을 높이 꼽는 이유가 바로 여기에 있을 것이다. 유머는 스트레스란 괴물(?)과 농담을 주고받을 수 있는 능력이기 때문이다.

  스트레스가 완전히 사라진 부부가 존재하는 것은 거의 불가능하다. 혹시 존재한다면 죽은 후 영혼 결혼식을 올린 커플 정도가 아닐까.

  하기야 이것에 대해 우리가 모르는 점이 있을 수도 있다.

  두 영혼이 결혼은 했지만 스트레스를 주고받을 육체가 없다는 점에 대해 심각하게 스트레스를 받고 있을지도 모른다.

결혼과 정의

결혼 때문에 불행하다고 느끼는 많은 사람들이 배우자의 부당한 대우에 대해 하소연한다. 사랑이 그 핵심을 이루어야 한다고 이야기되는 결혼에서 정의의 문제는 과연 어떻게 해결되는 것이 좋을 것인가? 전에 참석했던 결혼식에서 들었던 주례사는 인상적이었다.

"이제부터 이 두 사람은 한마음과 한 몸이 된 것입니다. 그러므로 서로를 고발하고 비판하고 하면 안 됩니다. 가령 남편이 간첩이라도 아내는 신고하면 안 되는 사이가 된 것입니다."

그분의 유머러스한 이야기에 하객들이 폭소를 터뜨렸다. 국가보안법이 서슬이 푸르던 시절에는 이런 이야기도 법에 저촉될까봐 못했을 거라고 웃으면서 말하는 사람들도 있었다.

카뮈도 자기는 정의보다는 아버지를 택하겠다는 이야기를 한 적이 있다.

정의의 추구는 가장 가까운 인간관계라고 알려진 부부 사이에서 가능하지 않은 일일까? 한 가지 확실한 사실은 참된 정의가 자리 잡지 못한 곳에 사랑이 그 둥우리를 틀기는 어려운 일이라는 점이다. 그러나 사소한 의견 대립이나 문화적 차이에 대해 사사건건 자기만 정의를 구현하는 투사인 것처럼 행동하면 정의의 실현 이전에 사랑과 즐거움의 상실이 뒤따르는 경우가 많다.

정의와 사랑이 함께 자리 잡는 결혼이 우리가 추구하는 이상적인 결혼의 형태라면 그 과제는 실로 만만치 않게 어려운 셈이다.

윌리엄 글라써는 우리에게 말한다.

"아마 당신이 옳을지도 모른다. 그러나 그것을 입증하는 것만으로 결혼이 구원되는 것은 아니다."

결혼의 수호신

"나는 너의 수호천사거든."

텔레비전 광고에 나오는 젊고 잘생긴 남자 배우의 대사다. 아마 미혼자거나 기혼자거나 모든 여성이 꿈꾸는 것이 바로 이런 수호천사를 갖는 것일지도 모른다.

고대 로마인들이 그 많은 신에게 원했던 것도 일종의 수호신의 역할이다. 그렇지만 고대 로마 수호신의 참 모습은 아무나 돕는 것이 아니라 노력을 아끼지 않는 사람만 돕는 것이었다. 그 재미있는 예가 부부싸움의 수호신으로 알려진 비리프리카 여신이다.

남편과 아내가 말다툼을 하면 자기만 옳다고 생각하기 때문에 주장하는 목청도 점점 높아진다. 싸워도 해결이 나지 않으면 두 사람이 비리프리카 여신을 모시는 사당에 간다.

이 사당에는 한 가지 꼭 지켜야 할 규칙이 있는데, 한 번에 한 사람씩만 차례로 여신에게 호소해야 한다는 것이다.

이렇게 되면, 배우자가 여신에게 호소하는 동안 상대방은 가만히 듣고 있을 수밖에 없다. 잠자코 듣고 있다가 보면 상대의 주장에도 일

리가 있을 수 있다는 것을 깨닫는다. 이 과정을 되풀이하는 동안 격분했던 감정이나 고조되었던 목청이 가라앉아 결국 부부가 사이좋게 사당을 나오게 된다는 것이다.

  부부 간에 서로 경청하는 것이 얼마나 중요한가를 알려주는 흥미있는 이야기이다.

  배우자가 말하는 동안 공격하지 않고 가만히 들어주는 곳에 미소를 띤 수호천사인 비리프리카 여신이 머무르고 있을 가능성은 아주 높다.

결혼과 자아

이즈음에는 결혼식에 초대받아 가서 신부나 신랑의 배우자가 자기가 예상했던 사람이 아닌 것을 발견하고 깜짝 놀라는 경우가 드물지 않다.

그런 건 또 아무것도 아닐지 모른다. 분명히 결혼식장에서 신랑신부를 축하해주고 헤어졌는데, 얼마 후 그 신랑이나 신부가 다른 사람과 다정하게 레스토랑에 앉아 있는 모습을 가끔 보게 된다. 못 본 척 시선을 피하려고 해도 이즈음 젊은이들은 태연하고 당당하다.

"제가 전처하고 성격이 맞지 않아서… 제 재혼한 처입니다."

이럴 때 당황하고 멋쩍어서 어쩔 줄 모르는 건 '구닥다리' 정서를 아직 떨쳐버리지 못한 이쪽인 경우가 많다. 검은 머리가 파뿌리 되도록 해로하라는 것은 이제 맞지 않는 이야기가 되었는지도 모른다. 하기야 도회지에 살면서 다듬어놓은 파만 본 젊은이들은 노파의 질긴 흰 머리 같은 파뿌리를 본 적이 없을 수도 있다.

《모리와 함께한 화요일》에 나오는 모리 교수가 제자와 사랑과 결혼에 대해 나누는 말은 그런 의미에서 의미심장하다.

"난 자네 세대가 안쓰럽네. 이런 문화에서는 다른 사람과 사랑하는 관계를 발견하기가 참으로 힘들지. 왜냐면 문화가 우리에게 그런 걸 주지 않으니까. 요즘 가여운 젊은이들은, 너무 이기적이어서 진심으로 사랑하지 못하든가, 아니면 성급하게 결혼하고는 대여섯 달 후에 이혼을 하든가 둘 중 하나를 택하네. 그들은 상대방이 뭘 원하는지 몰라. 자기가 진정 누구인지 몰라. 그러니 결혼하려는 사람이 어떤 사람인지 어떻게 알겠나?"

부부와 유머

주례사의 원형은 언제나 서로 믿고 의지하며 사랑하라는 내용일 것이다. 하지만 검은 머리 파뿌리가 되도록 해로하라는 말이 사라져가는 것처럼 그 세부적인 내용은 점점 바뀌는 경향이 있다. 결혼생활에서도 세부적인 가치관은 시간의 흐름을 따라 유연하게 바뀌는 부분이 있어야 하지 않을까.

이즈음 '간 큰 남편 시리즈'나 '무서운 마누라' 시리즈를 들어보면 과장이 심한 속에서도 변모해가는 가치관의 일면을 살펴볼 수 있다. 그런 농담에 대해 남자의 권위며 국가의 장래에다가 인류의 미래까지도 근심 걱정하며 개탄하는 보수적인 남편들도 드물지는 않지만 말이다.

얼마 전 야유회에서 중년 여자들이 아이들처럼 박수치며 웃고 노래하는 장면을 보았다. 가사가 재미있었다. 노래 곡조는 '조개껍질 묶어 그녀의 목에 걸고'였다.

큰 빨래 남편 주고
작은 빨래 내가 하고

찬밥은 남편 주고
더운밥은 내가 먹고
친정은 자주 가고
시집은 가끔 가고
신랑아 돈 벌어와
그 돈 내가 쓸게.

그런데 실컷 웃으며 노래하고 돌아간 아내가 남편에게 큰 빨래를 시킬 것 같지는 않다. 오히려 유머의 즐거움 뒤에 오는 충족감 때문에 좀 더 친화적인 행동을 취할 가능성이 크다.

이런 노래를 가르쳐주는 아내와 함께 웃을 수 있는 남편이야말로 정말 더운밥을 대접받을 자격이 있지 않을까.

넷

꿈을 찾아서

아름다움의 기준

요즘 청소년들은 예쁜 외모와 날씬한 몸매를 지고지선의 가치처럼 떠받드는 경향이 있다. 그런 그들에게 무거운 역기를 들어 올려 세계신기록을 수립한 후 무릎 꿇고 기도하는 자세로 두 손을 모은 장미란의 모습은 아름다움의 기준에 대해 다시 한 번 생각해보는 계기를 만들어주었다.

　가장 잘하는 것을 하도록 도와준 부모님에게 감사한다는 그녀의 이야기는 우리에게 많은 것을 느끼게 한다. 인생의 무거운 짐을 있는 힘을 다해 들어 올리는 그녀의 모습. 소박하고 진솔하게 자신의 이야기를 들려주는 여유 있는 태도.《뉴욕타임스》가 가장 아름다운 다섯 명의 선수 중에 그녀를 넣은 것은 무리가 아니다.

물 속의 여름 소년

특유의 민첩한 동작과 환한 웃음으로 우리를 한여름 밤의 환상에 젖게 했던 여름 소년, 박태환. 그 소년은 특히 해방과 한국전쟁을 겪으며 어려운 한국의 역사를 헤쳐 온 나이 든 사람들에게 경이로울 정도로 신선한 느낌을 주었다.

시합 전, 의자에 앉아 여유 있게 음악을 듣는 모습, 물 속에서 돌고래처럼 솟구치는 힘의 약동을 보여주는 몸짓, 승리에 환호하지만 패배도 기죽지 않고 받아들이는 모습.

이제 우리는 사회의 구태의연한 압력에 찌들지 않은 채 미소년 아도니스처럼 우리 눈앞에 나타난 희망과 젊음의 화신을 보고 있는 것 같다.

네 종류의 사람들

석가모니가 기원정사에 머물던 어느 날, 한 왕이 찾아와 법을 청했다. 그때 석가모니는 세상에 네 종류의 사람이 있다는 이야기를 하였다.

첫째는 어두운 곳에서 어두운 곳으로 나아가는 사람이고,
둘째는 어두운 곳에서 밝은 곳으로 나아가는 사람이고,
셋째는 밝은 곳에서 어두운 곳을 나아가는 사람이고,
넷째는 밝은 곳에서 밝은 곳으로 나아가는 사람이다.

우리들은 과연 어느 곳을 향해 나아가고 있을까.

길이 열릴 때까지

늘 막히는 길들이 있다. 사람들은 정체되는 길을 피해보려고 여러 가지 방법으로 길을 우회해본다.

어느 날 조카와 우연히 정체되는 길 이야기를 하게 되었다. 정체된 길을 피해보려고 고군분투하고 있다는 이야기를 듣고 그는 웃음을 터뜨렸다. 자기도 처음에는 한동안 그랬는데 지금은 이유 여하를 막론하고 그 길로 들어서서 그냥 참을성 있게 기다리면서 간다는 것이다.

"그 길이 왜 그렇게 정체가 되겠어요? 사람들이 이 방법 저 방법 다 써봤지만 밀리더라도 그 길로 가는 게 차라리 낫기 때문에 그렇게 막힌다니까요."

그러고 보니 정체를 참고 가노라면 어디서부턴가 길이 수월하게 뚫리곤 했었다. 이런 경험은 우리 인생과도 유사하다.

젊은 시절, 답답하고 느린 행보를 못 참아서 이리저리 뛰어보는 것은 어쩌면 당연한 일일지도 모른다. 그렇지만 묵묵히 정체된 길을 따라가는 사람들에게도 어느 순간 길이 열린다.

그는 말을 이었다.

"그저 한 가지 유념할 일은요. 정체될 때 느긋이 음악을 들으며 기다리려면 좀 여유 있게 떠나는 게 중요해요. 빠른 길을 찾아 돌아다니다가 더 늦는 경우도 많다니까요. 우회하는 길이 빨라도 다시 진입하다가 그 입구에서 멈춰 서버릴 때도 있죠."

이리 뛰고 저리 뛰고 하지 말고 한 길을 따라가면 길이 열린다는 희망을 가지고 앞으로 나아가라는 그의 조언은 일리가 있었다.

이 이야기를 지금 인생이 정체되어 답답해하며 스트레스 받고 있는 젊은이들에게도 전해주고 싶다.

한 사람을 안아주기

캘커타의 작은 골목길을 쉬지 않고 걸어 다니며 병든 사람들이 혼자 외롭게 죽어가지 않을 수 있도록 애썼던 마더 테레사는 이렇게 말한다.

> 세상에는 참으로 많은 고통이 있습니다.
> 굶주림에서 오는 고통, 집 없음에서 오는 고통,
> 온갖 병에서 오는 물리적인 고통들이 있습니다.
> 그러나 외로운 것, 사랑받지 못하는 것,
> 곁에 아무도 없는 것이야말로
> 가장 큰 고통이라고 나는 생각합니다.

나는 한 번에 한 사람밖에 안아줄 수 없다는 그녀의 말처럼 우리가 모든 사람들의 고통을 다 도와줄 수는 없을 것이다. 그러나 주위 사람들의 고통에 작은 손을 내미는 사람들을 볼 때면 마음속에 인생의 의미가 다시 새겨진다.

빛과 그림자

지인들 중에는 자녀를 입양한 사람들이 여럿 있다. 사람들은 궁금해한다. 그 아이들을 기르면서 아무런 문제도 없었는가.

물론 풍파가 많은 사회에서 아이를 기르면서 작은 문제, 큰 문제가 없을 리 없다. 하지만 그 문제들은 대부분 자신이 직접 낳은 자녀라도 겪고 넘어가야 하는 일들이다.

외국에 입양되었다가 모국을 방문하는 젊은이들을 가끔 만날 기회가 있는데, 밝고 환한 용모에 구김 없는 언행을 보면 참 잘 자랐구나 싶다. 그렇게 성장하기까지 그들이 겪었을 어려운 고비는 물론 한두 번이 아니었을 것이다.

그 아이들이 아주 어렸을 때 스스로 선택권이 있었다면 어떤 길을 택했을까.

겉으로 드러나는 행복한 스토리 뒤에는 늘 여러 가지 어려움이 함께한다. 빛과 그림자는 언제나 함께 다니는 동반자이기 때문이다. 그러니 입양한 후에 어려운 일이 생길 때마다 '역시' 하고 좌절하거나 좋은 일만 일어나기를 바라는 것은 인생이라는 큰 여정에 너무 무리한 요구일 것이다.

"아이를 기르면서 어려움에 처하게 될 때 혹은 아이에게 화가 날 때, 내가 낳은 아이가 아니라서 그런가 하고 생각하지 마십시오. 그것은 아이를 기르는 사람들 누구나 경험하는 일들입니다. 자녀를 기른다는 것은 사랑의 빛으로 어려움과 고통이라는 그림자를 이겨내는 소중한 일입니다. 한 소중한 생명이 몸과 영혼을 의지할 품을 찾아 당신에게 왔다는 사실만 기억해주십시오."

아이들을 입양할 결심을 하고 조심스럽게 입양 교육에 참석하는 예비 부모들에게 기회가 있을 때마다 이런 이야기를 들려준다.

인생과 연애하다

저 멀리 아파트 공터에 서 있는 택시.

운전기사가 혼자 앉아 있는 모습이 보였다. 아까 장을 보고 돌아올 때도 서 있던 택시였다. 누구를 기다리나, 잠시 볼일이라도 있나 싶어서 가만히 바라보다가 혹시나 해서 손을 들어보았다. 그러자 조금 후 택시가 시동을 걸더니 천천히 이쪽으로 다가왔다.

행선지를 말하고, 차가 출발한 후에 궁금해서 물었다.

"혹시 누구 기다리시던 중이었어요?"

기사는 씩 웃더니 대답했다.

"기다리기는요. 내 차하고 연애 중이었지요."

나는 큰 소리로 웃음을 터뜨렸다.

불경기에 손님을 기다리는 지루한 시간을 그렇게도 말할 수 있구나 싶어서였다.

아직 원하는 일을 잡지 못한 세칭 백수들도 이렇게 말할 수 있지 않을까.

"지금 인생하고 연애 중이에요."

궂은 날씨를 잊게 하는 유쾌한 대화였다.

밥 호프의 눈물

월남전이 한창이던 시절, 월남에서 부상당해 돌아온 군인들을 위한 대대적인 위문 공연을 준비하고 있을 때의 일이라고 한다.

프로그램의 총책임자인 감독이 미국의 전설적인 코미디언 밥 호프를 초대했으나 그는 너무 바쁜데다가 선약이 있어 갈 수 없다고 거절했다.

그러나 전쟁터에서 돌아온 군인들을 위로해주는 아주 중요한 자리이니 당신이 꼭 필요하다고 끈질기게 부탁하자 5분만 얼굴을 보여도 좋다는 조건하에 겨우 허락했다고 한다.

드디어 공연 당일, 5분만을 약속하고 무대에 선 밥 호프가 이야기를 시작하자마자 사람들은 웃기 시작했다. 그런데 그는 5분이 지나도 끝낼 생각을 안 하고 공연을 계속했다.

마침내 40분 동안이나 공연을 하고 내려왔는데, 그의 얼굴에는 눈물이 흐르고 있었다. 감독이 어찌 된 영문인지를 묻자 그는 앞줄에 앉아 있는 두 사람을 가리켰다. 한 사람은 오른팔을 잃어버린 상태고 또 한 사람은 왼팔을 잃어버린 상태였는데 두 사람이 서로 반대편 손을 마주치며 함께 박수를 치고 있었다.

  밥 호프는 말했다.

  "저 두 사람이 내게 진정한 기쁨이 무엇인가를 가르쳐주었습니다. 한 팔을 잃어버린 두 사람이 힘을 합해 함께 기뻐해주는 모습을 보면서 나는 참된 기쁨을 배웠습니다."

바이킹 이야기

일전에 강의 부탁을 받은 적이 있다. 이메일을 보낸 사람 아이디가 바이킹이었다. 흥미 있는 아이디라고 생각했다.

강의 당일에 만난 당사자는 젊고 예리한 눈매의 소유자였다. 강의에 관한 이야기를 하던 중에 참 독특한 이름을 쓰신다고 했더니 그는 씩 웃었다.

그 이름을 좋아하게 된 이유가 있다고 했다.

그는 꽤 오랫동안 바다를 떠돌며 선상생활을 해왔다고 한다. 그런데 어느 날 문득 바다를 떠나 땅 위에 발을 딛고 살고 싶은 마음이 들어 다시 공부를 해서 공무원 시험에 합격했다고 한다. 그러나 문득문득 바다를 향한 그리움이 밀려와 바다를 자기 집안의 마당 걸어가듯 했다는 바이킹의 이름을 쓰기로 했다는 것이다.

철근 콘크리트로 지어진 높은 건물 안에서 바이킹의 이름을 쓰며 바다를 그리워하는 그의 이야기가 새삼스럽게 가슴에 찡하게 와 닿았다.

다이어트와 웰빙

어떤 어머니가 황당했던 이야기를 들려주었다. 초등학생 아들 친구가 놀러 와서 두 아이가 먹을 점심 밥상을 차려놓았더니 아들만 나와서 식탁에 앉더라는 것이다. 친구는 안 먹느냐고 했더니 자기 어머니가 야채나 고기 같은 것들은 무슨 재료를 썼는지 모르기 때문에 남의 집에 가서 밥 먹지 말라고 했다는 것이다.

이 지경에 이르면 서로 일상적인 호감과 사랑을 나누는 지름길이었던 음식에 대한 왜곡된 생각이 다이어트나 웰빙이라는 괴상한 이름으로 우리 삶을 초토화시키고 있는 것은 아닌지 생각해볼 일이다.

일을 마친 후에 가까운 사람들과 감사하는 마음으로 먹는 적절한 양의 음식이 몸과 마음을 다 함께 되살려준다는 사실을 우리가 잊고 있다면, 몇 배의 돈을 지불한다고 해서 그 음식이 우리를 행복하게 해주기는 어려울 것이다.

한 덩어리의 빵을 가져다준 호의를 가슴에 새겨 어린 핍에게 전 재산을 물려주려는 《위대한 유산》의 죄수 이야기, 배고픔에 못 이겨 죽을 조금만 더 달라고 했다가 구빈원에서 쫓겨나는 올리버 트위스트,

악몽에 시달린 밤을 지내고 크리스마스 날 아침에 일어나서 가난한 사람들에게 가장 큰 칠면조를 선물로 보내는 스크루지… 이 이야기들을 쓴 찰스 디킨스는 음식과 사람에 대한 경외와 소박한 사랑이 우리 영혼도 함께 깨어나게 한다는 이야기를 전해주고 싶었던 것 같다.

성형왕국의 임금님

우리나라가 성형 분야에서 단연 앞서 있고 성형을 하는 사람들도 매우 많아서 성형왕국이라고 불린다고 한다. 그게 사실이라면 이 성형왕국의 임금님은 대체 누구일까.

일전에 내게 의논을 하러 왔던 중년 남자는 지치고 우울해 보였다. 이유는 자기가 보기에는 예쁘기만 한 딸이 성형을 하겠다고 얼마 전부터 고집을 부리기 때문이었다. 마침내 딸은 아르바이트해서 모은 돈으로 여름방학 때 쌍꺼풀 수술과 턱 성형을 하겠다고 최후통첩을 해왔다고 한다.

성형을 잘못해서 고통을 겪는 사람들의 사례를 들려주자, 딸은 고통을 겪어도 자기가 겪을 건데 왜 그렇게 반대냐고 대꾸했다. 그래서 사람은 생긴 대로 살아야 한다고 말했더니, 아버지는 그런데 왜 염색을 하느냐고 반격을 했다는 것이다.

요즘 잡지에는 성형 광고가 대단히 많은 지면을 차지하고 있다. 성형을 한 후에 성격마저 좋아졌다고 말하는 환자의 체험담 옆에 활짝 웃는 의사의 사진까지 곁들여서 말이다.

왜 행복으로 가는 확실한 길을 두고 다른 길로 어렵게 돌아가느냐는 성형 광고나 용모가 인생을 좌우한다는 광고가 젊은이들을 뒤흔드는 현실을 보고 있으면, 슬며시 우려하는 마음이 들곤 한다.

어떤 사람들에게는 성형보다 상담이 필요한 것 같다고 실토하는 의료인도 있다. 물론 사고나 화상, 선천적인 기형, 지나친 불균형 등으로 남의 시선을 받는 경우에는 성형이 막대한 도움을 준다. 그러나 지금도 괜찮지만 '좀 더 예쁘게'라는 강박관념에 시달리는 젊은이들에게 성형은 오히려 부정적인 힘을 발휘하는 것처럼 느껴진다.

조금만 손을 대면 더 보기 좋아질 것 같은 곳이 우리 육신에 어디 한두 군데뿐일까. 하지만 사람들은 매스컴은 물론 현실 속에서조차 예쁘장한 마네킹 같은 얼굴에 똑같은 미소를 짓고 있는 모습을 물리도록 보고 있기 때문에 이미 그런 모습에서 신선함을 느끼지 못한다.

획일화된 용모가 가상세계의 개성 없는 로봇 같은 느낌을 줄 때도 있다는 것을, 젊은이들이 성형수술 받기 전에 다시 한 번 생각해보기 바라는 마음 간절하다.

자기 삶의 임금님이 되는 길은 성형 이외에도 너무나 많기 때문이다.

카페로 가자

젊은 사람과 나이 든 사람, 남자와 여자, 부유해 보이는 사람과 가난해 보이는 사람, 행복해 보이는 사람과 우울한 사람….

이렇게 다양한 사람들이 걸어가는 거리가 눈앞에 바로 바라보이는 노천 카페에 앉아 차 한 잔을 앞에 놓고 알텐베르크의 글을 떠올린다.

고민이 있으면 카페로 가자.
그녀가 이유도 없이 만나러 오지 않으면 카페로 가자.
장화가 찢어지면 카페로 가자.
월급이 400크로네인데 500크로네 썼으면 카페로 가자.
바르고 얌전하게 살고 있는 자신이
용서되지 않으면 카페로 가자.
좋은 사람을 찾지 못하면 카페로 가자.
언제나 자살하고 싶다고 생각하면 카페로 가자.
사람을 경멸하지만 사람이 없어
견디지 못한다면 카페로 가자.
이제 어디서도 외상을 안 해주면 카페로 가자.

같이 떠나자

이런 이야기가 있다.

20세가 된 아들이 아버지에게 통보했다.

"저는 제 인생을 찾아 떠나겠어요."

아버지가 굳은 표정으로 물었다.

"네 인생이라는 게 도대체 뭐냐?"

"저는 즐겁게 살고 싶다구요. 돈도 많이 벌고 싶고, 여행도 하고 싶고, 멋진 여자들도 만나 사랑받고 싶고 행복하게 살고 싶어요. 저를 막지 마세요."

아들이 일어서서 나가려고 하자 아버지가 아들에게 성큼성큼 다가섰다.

"왜 이러세요? 막지 마시라고 했잖아요?"

"막긴 누가 널 막는다고 그러냐? 어서 앞장서라. 같이 떠나자."

막상막하의 부자가 아닌가.

소박한 행복의 그림

행복한 사람들은 다 어디로 가버린 것일까.

사람들은 행복이 대체 어느 골목에 숨어 있는지 찾아낼 수가 없다고 호소한다.

자신의 삶이 원하는 대로 이루어지지 않아 불행하다고 호소하는 사람들, 그들 중에 몇몇은 누가 봐도 괴로운 인생인 듯하다.

그러나 누가 봐도 성공한 인생처럼 보이는 사람들도 막상 본심을 털어놓는 걸 보면 마음속의 고통이 한두 가지가 아니다.

유명한 연예인이나 부유층에 속하는 사람들의 자살이 드물지 않은 것을 보면 알 수 있지 않은가. 이 사람들은 스스로 자기 삶의 막을 내리기로 결심했을 때 무슨 생각을 했을까.

인기나 부귀영화가 하늘을 찌를 듯해도 그것이 자신이 원하는 삶이 아니라고 느끼면 당사자의 비애는 사라지지 않는다.

인생의 초입부에 서 있는 젊은이들은 진학이나 결혼, 취업 등을 앞두고 과연 이 결정이 내가 원하는 것인지 아닌지 갈등과 의문에 휩싸인다.

이럴 때는 자신이 무엇을 원하는지도 중요하지만, 왜 그것을 원하는지에 대한 성찰이 대단히 중요하다. 예를 들어 원하는 것이 돈을 버는 것이라면, 그 돈을 벌어서 무엇을 하고 싶은가 반드시 생각해봐야 한다. 더 예뻐지는 것을 원한다면 더 예뻐진 후에 무엇을 얻고 싶은지 생각해봐야 한다.

다른 사람이 그래야 좋아하니까, 다른 사람이 그래야 인정하니까, 다른 사람이 그래야 사랑해줄 테니까… 이렇게 타인의 평가에 뿌리를 둔 대답이 나온다면, 당신은 자기 자신이 가장 원하는 것이 무엇인지 정확히 모르고 있는 것이다. 그러니 무엇인가를 얻고 난 후에도 그것이 자신의 삶을 행복으로 인도해주기는 어렵다.

나를 좋아하고, 인정하고, 사랑해줄 첫 번째 사람은 바로 나 자신이어야 한다. 행복한 사람은 진정으로 원하는 것에 대한 자신의 마음속 그림을 찾은 사람이다.

어린왕자의 장미꽃

보이는 세상과 보이지 않는 세상에 대한 사람들의 생각은 다양하다. 현대인들은 점점 더 보이는 세상에 훨씬 비중을 두는 경향을 보인다.

그러나 보이지 않는 세상의 중요성에 대해 깊고 아름다운 메시지를 담고 있는 책이 있다. 바로 비행기 조종사였던 생텍쥐페리가 쓴《어린 왕자》이다.

코끼리를 삼킨 보아구렁이의 이야기며 별을 파괴시키는 바오밥 나무, 다른 별나라의 사람들, 왕자가 기른 장미꽃, 슬픔과 죽음의 상징들은 너무나 투명하고 환상적이어서 설명을 덧붙일 필요가 없.

어린 왕자는 우리에게 "사막이 아름다운 것은 샘을 숨겨두고 있기 때문"이라고 들려준다. 여우가 어린 왕자에게 말했다.

"내 비밀은 이런 거야. 그것은 아주 단순하지. 오로지 마음으로만 보아야 잘 보인다는 거야. 가장 중요한 건 눈에 보이지 않는단다."

"가장 중요한 건 눈에 보이지 않는단다."

잘 기억하기 위해 어린 왕자가 되뇌었다.

"너의 장미꽃을 그토록 소중하게 만드는 건 그 꽃을 위해 네가 소비한 그 시간 때문이란다."

"내가 내 장미꽃을 위해 소비한 시간 때문이란다."

잘 기억하기 위해 어린 왕자가 말했다.

"사람들은 그 진리를 잊어버렸어."

여우가 말했다.

"하지만 넌 그걸 잊으면 안 돼. 너는 네가 길들인 것에 언제까지나 책임이 있지. 너는 네 장미꽃에 책임이 있어."

다른 별에는 없고 오직 나의 별에만 있는 세상에 단 하나뿐인 꽃을 마음속 깊이 간직하고 여행하는 어린왕자.

그는 비로소 사랑한다는 것은 사랑하는 대상을 위해 헌신하는 것임을 깨닫는다.

오로지 마음으로 보아야만 잘 보이는 세상은 과연 어떤 것일까.

내 사랑 송이

얼마 전 TV에서 휠체어에 앉아 노래하는 강원래를 보았다. 몇 년 전 교통사고를 당한 그는 자신의 힘으로 다시 걸을 수 없게 되었다는 진단을 받았다. 절망 속에 갇혀 있던 그의 곁을 애인 송이는 떠나지 않았다. 사람들은 우려 반, 기대 반으로 두 사람을 지켜보았다.

송이와 결혼한 그는 다시 노래를 부르게 되었다.

널 보면 내 마음이 아파
항상 나를 보며 웃어주는 너
내 사랑 다 줘도 모자란데
때로는 널 힘들게 하고
언제나 내 곁에 있어
오직 나를 위해 살아가는 너
사랑이 너무도 힘들까봐
고맙다는 말도 못해
사랑한다, 송이야

노래가 끝나자 청중들은 눈물이 글썽해서 박수를 쳤다.

노래를 부르는 그의 가슴속에도 아직 다 마르지 못한 눈물이 섞여 있을 것이다. 그는 한때 화려한 춤 솜씨로 무대를 휩쓸던 자유분방한 사람이기 때문이다.

그의 곁에 수호신처럼 버티고 서서 함께 노래 부르는 클론의 친구 구준엽과 아내 송이를 보면 인생의 슬픔과 기쁨이 함께 느껴진다.

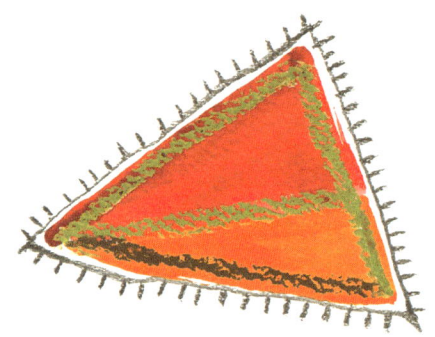

화가들의 방문

 골목을 지나 비탈진 길을 올라가야 하는 작은 집에 살고 있는 부부가 있다. 그 집에 초대받아서 간 적이 있었다.
 집으로 들어서자 거실 정면에 걸려 있는 커다란 그림이 눈에 띄었다.
 처음에는 샤갈의 그림인 줄 알았다. 그러나 그 그림을 자세히 들여다보니 여러 화가의 그림들을 모아서 그 집 아내가 그린 것이었다. 두 사람이 함께 겪어낸 어려운 시절들을 다 잊게 하는 그림이었다.
 몽환적인 빛깔이 아름다운 샤갈의 〈생일〉이라는 원작에 고흐의 정원 그림이 장식되어 있고, 세잔이 후세 화가들에게 많은 영향을 준 〈과일 정물〉이 놓여 있었다.
 피카소가 그린 〈악사들〉의 기타와 〈벨라스케스의 궁녀들〉의 강아지 그림이 한쪽에 있었다.
 레오나르도 다빈치의 〈모나리자〉는 파티 준비를 해주고 쉬는 것처럼 한쪽 옆에 자리를 잡고 있었다.
 미로의 그림이 벽걸이로 걸려 있고, 이당 선생의 〈창포〉 그림이 뜰의 한쪽을 장식하고 있었다. 창밖에서는 마네의 〈피리 부는 소년〉이 잠시 후 있을 파티의 연주를 위해 연습하고 있는 모습이 보였다.

환상적이고 동화 같은 그림이었다.

남편의 생일 선물로 아내가 오랜 기간에 걸쳐 정성껏 그린 그림이라고 했다.

아내에게 그런 아름다운 그림을 선물받은 남편과 그의 아내는 자기들 말처럼 하늘 가까운 곳에 정원을 마련한 아주 행복한 부부가 아닐까 싶은 생각이 든다.

다인이의 꿈

다인이는 열일곱 살이다.

엄마는 일찍 돌아가셨고 두 번째 새엄마가 낳은 세 살 난 동생과 트럭 운전을 하는 아빠와 살고 있다. 새엄마는 다인이보다 겨우 일곱 살이 많다.

학교가 끝나면 다인이는 편의점으로 아르바이트를 하러 간다. 피로에 지친 몸으로 학교에서는 엎드려 잔 적이 많다. 성적이 잘 나올 리가 없었다.

그런데 기적 같은 일이 일어났다. 새로 온 여선생님이 다인이에게 관심을 가져준 것이다.

"엄마가 날 만나러 다시 살아 돌아온 것 같았어요."

선생님은 문자를 보내면 꼭 답을 해주었고 교무실로 찾아가면 환한 웃음을 보여주었다.

"그런데…"

다인이의 눈에 눈물이 고였다.

"갑자기 선생님이 냉정해지셨어요."

한참 만에 다인이는 말을 이었다.
"아이들이 동성애라고 수군거렸다는 이야기를 나중에 들었어요."
다인이의 목소리가 조금 격해졌다.
"자기들은 엄마가 있잖아요. 늘 기다려주는 집도 있구요…."
그런데 다음 주에 만난 다인이의 얼굴에 그늘이 사라져 있었다.
"선생님께 문자로 제 생일이라고 보냈더니 밖에서 만나자고 하셨어요. 떡볶이도 사주시고 오뎅도 사주셨어요. 정말 꿈만 같았어요."
다인이의 눈에 눈물이 글썽했다.
"선생님이 돌아가신 엄마 같고 이제 선생님이 되고 싶은 꿈도 생겼다는 이야기를 했더니 가만히 저를 안아주셨어요."
다른 선생님들이나 아이들에게 오해받게 하고 싶지 않았다고, 선생님은 이야기해주었다고 했다.
"이제 선생님을 따라다니지는 않을 거예요. 선생님 마음이 내 마음에 새겨졌거든요. 공부도 열심히 할 거예요. 정말 선생님이 되어서 나같이 쓸쓸한 아이에게 도움을 줄 거예요."
다인이는 울며 웃으며 말했다.
앞으로도 어려운 일이 많겠지만 이제 다인이는 빛을 바라보고 서 있었다.
자기를 아껴주는 누군가를 위해서 열심히 바르게 살고 싶은 마음을 지니고….

그 사람이 만난 '정혜'

처음 만난 그는 말수가 적고 상당히 수줍은 듯한 느낌을 주는 사람이었다. 그러나 입을 열자 조용한 어조 속에 열정이 담겨 있음을 느낄 수 있었다.

오래 전 조감독 생활을 하고 있을 때 단편 〈정혜〉를 우연히 읽고 강렬한 인상을 받아서 꼭 이 작품을 영화로 만들겠다는 결심을 했다고 그는 말했다. 오랫동안 그 글이 잊혀지지 않았고 상처받은 고독한 한 사람의 일상이 말을 걸어오는 것 같았다면서, 그는 내가 쓴 그 단편을 영화화할 수 있게 해달라고 청했다.

소설 속에서, 갑작스럽게 초대한 남자가 저녁에 오지 않자 밤늦도록 기다리던 정혜는 깊은 자괴감을 느낀다.

그러면서도 그녀는 기다렸다. 전혀 필요 없다고 생각해서 놓지 않았던 전화가 이럴 때는 있었으면 싶었다. 이렇게 비참한 기분으로 누구에게도 위로받지 못한 채 앉아 있는 것이 괴로웠다. 무엇 때문에 혼자 잘 지낼 수 있는 방법을 다 배웠다고 생각해놓고도 다시 사람과 마음속 이야기를 해보려고 했을까.

열 시가 지나자 정혜는 기운 없이 일어나 방과 부엌과 거실에 켜놓았던 불들을 껐다. 스위치를 내릴 때마다 마음속의 불도 하나씩 꺼졌다.

그는 이 장면을 형상화해서 그대로 보여준다. 울지도, 화내지도, 슬퍼하지도 않으면서 차려놓은 음식 접시의 랩을 하나씩 벗겨서 혼자 조용히 먹고 있는 정혜. 슬픔 때문에 그녀 마음속의 불이 하나씩 꺼지는 것이 그대로 보이는 것 같은 장면이었다.

그는 구원이나 영혼이나 사랑 같은 큰 단어를 쓰고 싶지는 않다고 했다. 그저 사람들이 '정혜'를 바라보면서 상처와 치유에 관해 다시 한 번 생각해볼 기회를 갖게 되기를 바라는 작은 염원이 있었다고 말했다.

이윤기 감독의 꿈이 이루어져 '정혜'는 살아 있는 영상으로 우리에게 다가오게 되었다.

순결한 마음

아마 봄꽃이 피어나던 시절이었을 것이다. 이십여 년 전 그 여자를 처음 만나던 날이… 차분하고 조용한 수선화 같은 여자였다.
우리는 아이들이 어릴 때부터 가까운 곳에 살아서 가끔 만나 차를 마시며 서로 이야기를 나누고는 했다.
얼마 전 외국에 있는 외동딸이 미국 남자와 결혼하고 싶다고 고백했다면서 그녀는 쓸쓸한 미소를 지었다. 보수적인 남편은 의외로 침착하게 딸에게 네 마음이 확실하냐고 묻더니, 결단이 빠른 사업가답게 바로 허락을 했다고 했다.
"정말 어찌나 속도가 빠르게 진행이 되는지 어안이 벙벙할 지경이었어요."
여자는 담담한 어조로 말했다.
"그래, 이제 받아들일 만하세요?"
"나야 뭐 늘 집에서 뭘 결정할 때 중요한 사람은 아니었으니까요."
여자는 잠시 후 말을 이었다.
"사실은 너무 갑작스러워서 어떤 느낌인지도 잘 모르겠어요. 갑자기 태풍에 휘말린 것 같기도 하고⋯ 이게 정말 전부 사실일까 싶기도 하구요."

며칠 후 전화가 왔다.

"저, 좀 어려운 부탁이 있는데요."

여자는 결심이 서지 않은 듯 잠시 망설이다가 말했다.

"내일 잠깐만 우리 집에 와주실 수 있어요? 그 남자한테, 몇 가지 물어보고 싶은 말이 있는데 영어를 못해서요."

"그럴게요. 그런데 따님이 함께 있을 텐데 통역해달라고 부탁하면 안 되나요?"

그녀는 조심스럽게 말했다.

"⋯딸아이는 그냥 내 마음에 들게 자기 마음대로 통역할지 몰라서요."

다음 날 약속한 시간에 그 집을 방문하자 남자는 이미 도착해 응접실에 앉아 있었다. 그는 조금 긴장한 듯한 모습이었다. 단아하고 별로 웃지 않는 동양인 어머니가 아마 그에게 좀 어렵게 느껴졌을 것이었다.

나하고 남자가 서로 인사를 나눈 후에 그녀는 차분한 어조로 입을 열었다.

"우선 결혼을 결심한 게 언제였는지 좀 물어주세요."

남자는 대답했다. 나는 그가 말한대로 통역했다.

"우리 딸의 어떤 점이 제일 마음에 들었는지요?"

남자는 대답했다.

"우리 딸을 진심으로 사랑하느냐고 물어주세요."

남자는 그렇다고 대답했다.

"…나이 들어 오랜 세월이 지난 후에도 변함없이 사랑할 수 있느냐고 물어주세요."

남자가 한참 침묵한 후에 눈물이 글썽해지며 목이 멘 채 대답했다.

"내 생이 다 하도록 변함없이…"

여자의 눈에 눈물이 고여올랐다. 그리고 천천히 고개를 끄덕였다.

지금도 그 장면이 아름답고 고적한 성화의 한 장면처럼 떠오른다. 중세의 조용한 성모마리아와 그녀를 수행하며 곁에 서 있는 사람들의 모습들처럼.

다섯

생활의 발견

친절한 사람

얼마 전 지방 수련원에서 강의를 한 적이 있다. 그날따라 비가 계속 퍼부어 운전이 어려울 지경이었다. 그런데 시골길을 한참 달려도 큰 길 입구에 있다는 길 안내 입간판이 보이지 않았다. 되돌아오며 살펴봐도 입간판은 없었다. 강의시간은 다 되어가는데 초조하기 짝이 없었다.

근처 관공서에 들어가 급한 일이라고 전화 한 통 빌려 쓰기를 청했다. 그 직원은 이 앞 공중전화에 가서 걸라고 거절했다. 비를 거의 다 맞고 10여 미터 앞 공중전화에 가 보니 고장이었다.

마침 저쪽에 집 한 채가 보였다. 문을 두드리자 쉰 살쯤 되어 보이는 여자가 흔쾌히 들어와 전화를 쓰라고 했다. 담당자에게 입간판이 없다고 전화하자 그럴 리 없다고 어제도 분명히 있었다고 말했다.

나는 그만 만사가 귀찮아져 잘 알았다고 하고 전화를 끊었다. 이제 그만 집에 돌아가고 싶었다. 강의시간은 벌써 20분이나 지났고 이래저래 화가 치민 나는 인간관계나 수용에 관해 강의할 기분이 전혀 아니었다.

그런데 그 집 남편이 비옷을 입고 나서면서 그 수련원이 찾기 어려운 곳이라며 자기 차를 따라오라고 했다. 믿기 어려운 제의였다. 운전을 하면서 차츰 마음속 화가 가라앉았다. 한 십 분쯤 샛길을 달려가자 수련원 건물이 보였다. 가슴이 뭉클해서 그 사람에게 고마운 마음을 말로 다 전하기 어려웠다.

"정말 감사합니다. 저는 그냥 집으로 갈까 했거든요."
"그러신 것 같더라구요. 그래도 중요한 약속인데 늦더라도 가셔야지요."

몇 백 명이 모여 한 시간 듣는 강의시간은 이미 30분이 지나 있었다. 나는 준비해 간 강의 대신 폭우 속에서 길을 잃어 어려움을 겪고 있을 때 만난 두 사람의 이야기를 들려주었다. 도움을 청했으나 거절한 사람과 청하지도 않은 도움을 준 사람의 이야기를….

그날 저녁 담당자의 전화를 받았다. 강의 반응이 너무나 좋았다며 오히려 늦게 오신 게 더 잘된 일 같다는 농담도 했다. 흙길이 무너져 길 안내 입간판을 새벽에 철거했더라는 이야기도 전했다. 결국 누구도 잘못을 한 사람은 없었다.

전화를 받으며 감정이 북받쳐 잘못된 결정을 하려고 할 때 다시 한 번 생각하도록 나를 도와준 그 사람의 따뜻한 배려가 새삼 고맙게 느껴졌다.

페르시아 카펫

중동의 작은 마을에서는 어른들과 어린이들이 한 팀을 이루어 숙련된 장인의 지도를 받으며 수작업으로 그 유명한 페르시아 카펫을 짠다고 한다.

그런데 카펫은 보통 밑에서 위로 짜 올라가는데 자칫 한 사람의 실수로 미리 정해놓은 문양과 다른 빛깔이 나오게 되는 경우가 있다고 한다. 화를 내거나 실수한 사람에게 야단을 칠 법도 하건만, 이럴 때 장인은 어떻게 할까.

잘못 짜인 카펫을 풀어버리지 않고 그 색깔이 전체 문양과 다시 조화를 이루는 방법을 골똘하게 찾아본다고 한다. 그렇게 만들어진 카펫은 창조적인 모습으로 새롭게 살아나고 독특한 예술적인 가치 때문에 더 많은 찬사를 받는다.

서머싯 몸의 《인간의 굴레》의 주인공 필립은 어렸을 때 고아가 되어 목사인 큰아버지 집으로 보내져 엄격한 교육을 받으며 고독하게 성장한다.

마침내 그는 성직에 종사하기를 바라는 큰아버지의 기대를 저버리

고 파리로 그림 유학을 떠난다. 필립이 예술가 지망생인 크론쇼에게 인생이 무엇이냐고 묻자, 그는 대답 대신 페르시아 카펫을 선물한다.

　나이 들어 필립은 페르시아 카펫의 의미를 헤아린다. 인생이란 태어나 성장하고 결혼하고 자식을 낳고 살아가기 위해 카펫을 짜 올리는 것. 그것이 인생이라는 것을 깨닫게 되는 것이다. 실수가 있어도 좌절하지 않고 계속해 짜 올라가는 직조공처럼….

그 남자의 큰어머니

한 남자가 친구에게 사귀던 여자와 왜 맺어지지 못했는지를 털어놓았다.
"사랑한다고 고백했는데도?"
친구가 묻자 남자는 대답했다.
"했어. 소용없었어."
"큰아버지가 대단한 부자라는 이야기도 하지 그랬어."
"물론 했지."
"그랬더니?"
"그래서 지금은 큰어머니가 되었어."
이즈음 세태를 풍자하는 따끔한 이야기가 아닌가.
재력이 있거나 전문직에 종사하는 사람은 결혼중개업소에서 붙이는 평점이 상종가를 달린다고 한다.
하지만 오히려 그런 배경이 없는 사람이 더 좋은 결혼을 할 수 있다는 이야기도 있다. 후광이 없을 때, 평가할 것이라고는 오직 그 사람 자신밖에 없기 때문에 서로 이해하고 사랑할 더 좋은 기회를 갖게 되리라는 것이다.

　건강하고 오래 갈 수 있는 인간관계의 특징은 서로의 특성을 잘 파악하고 그 특성을 좋아하는 데 있다고 한다. 상대방에게 분수에 맞는 요구를 하고 그가 원하는 것에 관심을 보이는 것도 건강한 관계의 핵심을 이룬다.

　관계가 대단히 악화된 부부들을 만나보면 상대방의 심리적 특성이 무엇인지 전혀 모르고 있는 경우가 드물지 않다. 혹은 잘 알고 있지만 그 특성 자체를 아주 싫어하는 경우도 있다.

　분수에 맞는 요구를 한다는 것은 내가 원하는 것만 주장하지 않고 상대방이 원하는 것에 대해서도 배려를 하는 태도일 것이다. 결혼을 앞둔 사람들은 닥쳐올 기나긴 인생을 대비하기 위해서라도 정말 그 사람을 좋아하고 있는지, 혹시 그 배경을 더 좋아하고 있는 것은 아닌지 자문해볼 필요가 있다. 그리고 자신도 상대방에게 솔직한 모습보다는 배경을 더 내세우고 있는 것은 아닌지 곰곰 생각해볼 필요도 있다.

　학력 위조 파동도 내용보다는 포장지에 더 관심을 갖는 사회적 분위기에 암묵적으로 편승한 본인의 태도가 한몫했을 것이기 때문이다.

　돈 많은 큰아버지가 있다고 자랑을 했더니 그만 큰아버지하고 결혼해버렸다는 여자의 이야기. 사랑보다 조건에 더 비중을 두는 결혼의 세태를 되돌아보게 만드는 이야기가 아닐 수 없다.

대화가 필요해

코미디 프로그램 중에 '대화가 필요해'라는 코너가 있다. 지나친 과장도 있지만, 자신의 가정을 되돌아보게 하는 날카로운 풍자도 함께 들어 있어 장수하고 있는 프로그램이다.

"말도 안 되는 쓸데없는 이야기 그만하고…."

"너는 마음이 꼬여서 매사를 부정적으로만 보는 거야."

이런 소리를 들으면 자녀들은 자기 마음을 말하러 어디론가 달려가게 될 공산이 크다. 하기야 달려갈 친구라도 있다면 그나마 다행이다.

가족 간에 한 사람만 말이 많아지고 다른 한쪽은 거의 침묵으로 일관하는 기현상이 벌어지기도 한다. 말하자면 잔소리가 시작되는 것이다. 가정이 대학 강의실도 아닌데 한 사람은 강의만 하고 상대방은 듣기만 하는 것은 바람직한 일이 아니다.

지금은 모두들 바빠서 가족 간의 대화도 줄어들고 있다. 그런데 마음이라는 게 흐르는 시냇물과 같아서 어디론가 흘러가기는 해야 하는 게 문제다. 자기 마음을 가족에게도 말할 수 없으면, 그 마음을 털어놓을 수 있는 곳으로 발걸음이 움직이는 것은 자명한 이치다.

앞으로 유망한 직종 중에 다른 사람들의 이야기를 잘 들어주는 정신과 의사나 상담자가 포함되어 있다고 한다. 이제 바야흐로 돈 내고 이야기하는 시대로 접어든 것이다.

그러나 아직 늦지 않았다.

오늘부터라도 가족의 이야기를 귀 기울여 듣고, 비난하지 않고, 받아들이면 상당한 돈을 절약할 수 있다. 돈 안 내고 이야기할 수 있으니 이 얼마나 좋은 일인가.

소통의 즐거움

내한했던 상담학회의 한 석학이 강의 중에 말했다.

"다른 학자들은 강의 도중에 누가 일어서서 나가도 별로 신경이 쓰이지 않는다고 하는데 나는 신경이 쓰여요."

그는 이어서 농담 섞인 어조로 웃으면서 말을 이었다.

"누가 나가면 겉으로는 태연한 척하고 있지만 속으로는 내가 싫은가, 내 강의가 지루한가, 이런 별별 생각이 다 들어요."

이틀째 강의는 이어졌고 참석했던 사람들은 열정적인 그의 강의를 집중해서 들었다.

점심시간에 제주도에서 온 사람들 셋이 조심스럽게 통역에게 물었다.

"우리 비행기 시간 때문에 한 삼십 분 일찍 나가야 하는데 저분이 그렇게 마음이 상한다니 쉬는 시간에 먼저 가야 할까요? 강의를 한 시간 이상 놓치기는 너무 아쉬운데…."

통역의 말을 전해 들은 그는 파안대소했다.

점심 후 강의가 시작될 때 그는 말했다.

"제주도에서 온 세 분이 비행기 시간 때문에 일찍 나가야 한다는 이야기를 전해 들었습니다. 좋습니다. 이제 나는 강의 끝나기 삼십 분 전에 세 분이 나가는 걸 봐도 전혀 마음이 불편하지 않습니다. '내 강의가 너무 좋지만 비행기가 떠나기 때문에 할 수 없이 가는구나.' 이렇게 생각할 수 있기 때문입니다. 이렇게 정보를 주세요. 그게 바로 의사소통의 핵심입니다. 보이는 것은 행동뿐이고 마음은 보이지 않기 때문에 솔직하게 말해줄수록 우리는 그 행동을 더욱 잘 이해할 수 있지요."

모두들 웃으면서 박수를 쳤다.

사소한 일에서 큰 깨달음을 얻는 즐거운 하루였다.

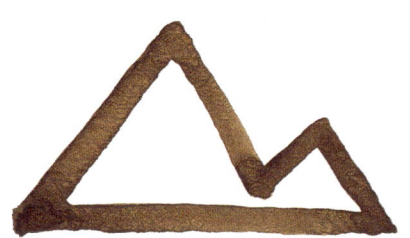

불 끄는 남자

"불 끄기와 상담에 참 비슷한 점이 있군요."

얼마 전 4일간 열렸던 현실치료 소집단 워크숍에 참석했던 소방서 간부 직원이 한 말이다.

"우리는 우선 불이 났다는 신고를 받자마자 일 분 내에 출동하는데 있는 힘을 다해 불부터 끄지, 불을 낸 원인을 따지고 문책부터 하지는 않거든요. 더 중요한 건 사람이 다치지 않도록 모든 힘을 총동원하는 거지요."

열 명 가까운 참석자들은 모두 흥미 있게 그의 이야기를 들었다.

"그리고 더 똑같은 건 불이 걷잡을 수 없이 커지기 전에 조기 진화가 중요하다는 점입니다. 불이 너무 커지면 사실 어떻게 해도 끄기 어려운 경우가 많습니다. 탈 만큼 타야 꺼지거든요. 제 기운을 다 뿜어내야 하기 때문입니다."

사람들 이야기도 들어보니까 초기에 서로 대화를 나누고 문제를 풀어보려고 애쓰면 진화가 쉬운데, 관계가 악화되면 돌이킬 수 없는 행동을 더 하게 되는 것 같다고 그는 말했다.

전혀 다른 직종에 종사하면서 상담을 공부하는 과정에 참석하게 된 동기를 묻자 그가 대답했다.

"제가 성질이 워낙 급해서 직원이나 아이들에게 화를 잘 내는데 불보다도 그놈의 성질을 끄는 법을 좀 배워보려고 왔지요."

참석자들이 모두 웃음을 터뜨리자 그도 파안대소했다.

자신의 전공 분야가 상담은 아니지만 소방서에서 오랜 세월 성실히 일하면서 얻은 인생의 지혜를 솔직하고 꾸밈없이 나누는 그를 보면서 다른 사람들도 배운 점이 많다고 했다.

피상담자의 잘잘못을 따지기 전에 괴로운 심정부터 일단 수용하자는 상담의 기본 원리는 어떤 질문이든지 불부터 끈 다음에 하자는 이야기와 일맥상통하지 않는가.

사람들과의 진솔한 만남은 언제나 큰 가치가 있다는 사실을 새삼 일깨워준 그는 자칫 이론에 치우치기 쉬운 상담 공부에 신선하고 중요한 기여를 해주었다.

지금 가족관계나 다른 인간관계의 불화에 시달리는 사람들에게 그가 한 이야기를 꼭 전해주고 싶다.

처벌하고 나무라기 전에 불부터 끄자는, 조기 진화하도록 마음을 다스리지 않으면 그 불이 마침내 인력으로 끄기 어려운 시점까지 갈 수 있다는 그 단순한 이야기를.

장작불 다스리기

"어떻게 해야 이 우울한 마음에서 벗어날 수 있을까요?"

이즈음 자신이나 주위 사람이 너무 우울한데 어떻게 도움을 받을 수 없겠느냐는 이야기를 많이 듣는다.

나는 이럴 때 상황에 따라 상담보다도 다양한 책을 많이 권하는 편이다.

중국에 이런 옛말이 있다.

"물을 끓지 못하게 하려고 끓는 물을 퍼내어 식히는 것은 솥 밑의 장작을 빼내는 것만 같지 못하다."

심정이 들끓고 있는데 겉으로 나타나는 행동만 다스리려고 들기보다 나를 들끓게 하는 장작불은 과연 무엇인가를 생각해보는 것이 더 좋다는 비유일 것이다.

마음이 괴로울 때 어려운 이론서나 달콤한 처세술에 관한 책보다 더 도움이 되는 책들은 고전문학 작품들이 아닐까 싶다. 문학 작품의 주인공들은 훌륭하기만 하지는 않다. 그들은 마음대로 되지 않는 세상 때문에 좌절하기도 하고 도덕적으로 지은 죄나 실수 때문에 우울해하

기도 하지만, 삶과 정면으로 맞서면서 사람들의 참된 모습에 대해 깊이 생각하도록 도와준다.

원하는 대로 일이 풀리지 않거나 여러 가지 일이 혼란스럽게 진행될 때 우리는 자연스럽게 비에 젖듯 우울에 빠지는 경우가 많다. 한때 우울증이 곱슬머리나 쌍꺼풀처럼 부모로부터 유전되는 것이라고 여겨진 적도 있었다.

그렇지만 우울에서 벗어나는 것은 어디까지나 자신의 몫이다. 다른 사람이 나를 사랑해주고 이해해주고 도와주고… 그렇게 하지 않으면 우울의 우산 아래서 꼼짝도 않겠다고 고집하는 것은 성인의 태도가 아니다.

어찌 보면 책을 읽는다는 것은 인생에 대한 일종의 재교육인 셈이다. 타인과 자신을 탓하고 비난만 하는 동안에는 분노 때문에 마음의 평온을 유지하기가 쉽지 않기 때문이다. 게다가 풀지 못한 분노는 때로 우울의 탈을 쓰고 우리를 찾아오기도 한다.

혼자 조용히 책을 읽으면서 마음속 밑바닥에서 나를 끓어오르게 하고 있는 장작불을 과연 어떻게 다스릴까에 대해 곰곰이 생각해보는 것도 나쁘지 않은 일일 것 같다.

큰일과 작은 일

한 남자가 친구에게 말했다.
"내 결혼은 두 번 다 실패야."
"어째서?"
"첫 번째 여자는 떠나버렸어."
"저런, 두 번째 여자는 어떻게 되었는데?"
"이 여자는 떠나려고 들지를 않아."

이 정도면 아닌 게 아니라 걱정이 되기도 할 것이다.

사람들은 때로는 다른 사람과 함께 있고 싶지만 어떤 때는 혼자 있고 싶기도 한 미묘한 마음을 지니고 있다. 혼자 지내면 쓸쓸하지만 다른 사람들하고 함께 있으면 구속받는 듯한 갑갑함을 느끼기 때문이다.

배우자에 대한 부정적인 감정이 하도 깊어 이혼을 생각하는 사람들도 적지 않다. 그러나 이혼은 부작용이 생길 소지가 너무 큰 인생의 수술 방법이다. 특히 어린 자녀가 있을 경우 발생하는 문제는 예상했던 수준을 훨씬 뛰어넘는다.

긴 인생의 여정에서 법이나 제도로 모든 불행을 다 막기는 어렵다. 물론 상습적인 폭력이나 습관적인 외도처럼 인간관계의 신뢰를 뿌리에서부터 흔드는 경우는 예외이다.

작은 일이야말로 큰일로 가는 첫 번째 계단이다.

지금 여러 가지 갈등으로 이혼을 생각하는 사람들에게 극단적인 선택을 하기 전에 결혼에 도움이 되는 작은 일들을 먼저 시도해볼 것을 권하고 싶다.

차 한 잔 권하기, 먼저 말 걸기, 도움이 되는 책 읽기, 서로 대화해보기, 신뢰할 만한 사람에게 조언을 구해보기, 전문적인 상담가를 만나보기….

성급하게 이혼이라는 큰 결정을 내려버린 후에는 결혼에 도움이 되는 작은 일들을 해볼 기회가 영영 사라져버리기 때문이다.

오아시스를 찾아서

　가끔 사막처럼 느껴지는 세상을 견디게 하는 큰 힘 중 하나가 부모와 자녀 간의 사랑일 것이다. 오아시스처럼 우리에게 쉼터가 되어주기 때문이다. 그러나 한편으로는 가까운 관계가 오히려 짐이 되어 어려움을 겪는 사람도 적지 않다. 가장 심각하게 드러나는 문제 가운데 하나가 의사소통의 단절이다. 전에는 부모와 자녀 간에 비록 훈시일망정

대화가 길었다.

"그렇게 하면 못쓴다. 인간의 도리란 그런 게 아냐. 사람이란 남의 입장도 헤아려야지."
"그렇지만 자기 말만 말이라니까 저절로 그렇게 되는 걸 어떻게 해요."

이즈음에는 이런 이야기를 유유자적하게 하고 있을 시간이 없다. 첫 마디가 끝날 즈음 자녀는 이미 문 밖으로 사라져 버리기 때문이다. 뭐가 그렇게 급한지 가족 간 대화도 연결이 되지 않는다.

"얘기 좀 하자."
"싫어."
"왜 싫어."
"그냥."

질문이나 대답이나 짧고 화끈하다. 자녀들은 부모에게 속마음을 이야기할 수 없으면 마침내 또래들을 붙잡고 털어놓기 시작한다.
"내가 공부 못한다고 말야. 새 운동화를 형만 사주고… 언제든지 형만 좋아하고…"
그나마 그런 이야기를 나눌 또래 친구도 없는 경우에 아이들의 마음에는 사막의 모래바람이 불어 닥친다.
그렇다면 부모와 자녀는 서로에게 과연 어떤 관계를 바라고 있는 것일까.

모든 부모가 자녀의 행복을 바라듯 자녀들도 자기 때문에 부모가 행복하기를 바란다. 부모가 행복하기를 바라는 놈이 그 따위로 행동하느냐고 일갈하는 사람도 있다. 아이들을 앞에 앉혀놓고 너 때문에 불행하다는 이야기를 구구절절이 하는 부모도 있다.

그러나 사랑하기 때문에 못살게 군다는 인간의 괴상한 속성을 이해하기에는 아이들이 아직 미숙하다. 오죽하면 법적으로 미성년자라는 이름을 붙여 그 행동에 보호와 제약을 설정하고 있겠는가.

물론 부모는 자녀가 바람직한 사람으로 성장하기를 바랄 것이다. 문제는 자신에게 쏟아지는 바람직하지 못하다는 비난에 지쳐 사랑받지 못한다고 느끼는 쓸쓸함이 자녀의 마음을 가득 채우게 되는 경우다.

자신의 가정에서 샘이 솟아나는 오아시스를 찾아내려면 오늘부터라도 자녀의 마음이 드러나는 몸짓에 좀 더 시선을 주고, 자녀가 하는 말의 의미에 좀 더 귀 기울여보면 어떨까.

친절한 TV 씨

'친절한 금자 씨'가 정말 친절했는지 아닌지 아는 사람은 알 것이다. 그런데 우리 텔레비전은 진실로 친절하기 짝이 없다. 특히 출연자의 행동에 대해 일일이 설명해주는 자막은 친절의 극치가 아닐 수 없다. '멋쩍은 표정을 짓는 누구누구, 슬슬 움직입니다.' '기분이 좋은지 은근히 미소를 띠고 있는 아무개…' 등등이다.

아무리 천만 명이 같은 영화를 보고 같은 장면에서 울고 웃는 국민감정 단일화 운동(?)이 진행되는 시대라고 하지만 텔레비전까지 그 정도로 친절하니 우리는 아무 생각 없이 그저 눈만 뜨고 있으면 되는 열반의 경지에 다가가고 있는 셈이다.

전에 방송국에서 일하는 사람에게 그런 이야기를 했더니 마음에 안 들면 그런 프로그램 보지 말고 다른 프로그램을 보면 된다는 대답이 돌아왔다.

친절한 대답이 아닐 수 없다. 하지만 그런 괴상한 친절함에 엄청난 시간과 돈이 들어가고 있다는 생각을 하면 슬슬 걱정이 되기 시작한다. 그렇지 않아도 텔레비전이 가족보다 더 소중한 존재가 되어가고

있어 사람들이 쓸쓸할 때도, 배고플 때도, 화가 날 때도, 가족이 보기 싫을 때도 무작정 텔레비전을 켜고 있는 판이니 말이다. 그럴 때 조금이라도 생각할 수 있는 기회를 주면 안 되는 것일까.

이런 기회를 원한다면 텔레비전이 '큰형님'의 역할을 조금만 줄여 주면 어떨까 하는 바람이 생기지 않을 수 없다. 그래서 친절한 텔레비전 방송국의 사장님께 친절한 시청자답게 다음과 같은 감사 편지를 띄우고 싶은 생각이 들기도 한다.

"안녕하십니까. 온 국민이 한마음이 되는 그날까지 자막을 띄우고 해설을 해주셔서 감사하기 짝이 없습니다. 덕분에 피곤한 몸을 소파에 기대고 무슨 생각을 해야 할지 고민할 필요도 없이 텔레비전을 보며 푹 쉬고 있습니다. 이러다가 그렇지 않아도 바보인 내가 더 바보가 되는 게 아닌가 하는 모자란 생각이 들기는 합니다. 한 가지 궁금한 건 사장님이 혹시 텔레비전 방송국과 라디오 방송국을 구별하지 못해 동작까지 일일이 설명해주시는 게 아닌가 하는 점입니다. 그저 한 번만이라도 출연자의 생각과 느낌을 추측해 보며 두뇌를 갈고 닦아볼 기회를 시청자에게 돌려주신다면 더욱 감사한 마음을 금할 길 없겠습니다."

강호의 고수

귀족 차림의 남자가 지나가는 마차를 급히 불러 세웠다.
"전속력으로 달려 주게. 빨리. 더 빨리. 전속력으로."
마부는 있는 힘을 다해 말에 채찍질을 가했다. 한참 후 숨을 돌린 손님이 물었다.
"그런데 어디로 가는지는 알고 있는가?"
마부는 대답했다.
"모릅니다. 각하. 그렇지만 어쨌든 곧 도시를 빠져나가게 됩니다."
어쩐지 이즈음 우리 모습과 비슷하지 않은가. 지금 우리는 어디로 가는지도 모르고 전속력으로 달려가고 있는 것 같은데 이러다가 곧 궤도를 이탈하는 것은 아닌지 두려움이 들 때도 있다.
더 빠른 무엇인가를 소개해주겠다는 광고가 연일 모든 매스컴을 뒤덮고 뜨고 있다. 사람들은 대단히 빠른 인터넷을 통해서 대단히 빠른 대출을 얻은 다음에 대단히 빠른 차를 타고 가서 대단히 빠른 영화를 보고 있는 것이다.
자동차만 타서 부족해진 운동량 때문에 헬스클럽의 러닝머신에서 뛰고, 최신 가전제품을 산 후 여유에서 오는 권태를 막기 위해 또 밖으로 나도는 악순환의 고리 때문에 사람들은 속으로 많이 화가 나 있는 것만 같다.

사실 진심으로 즐겁게 웃지 못하는 게 현대인들의 치명적인 문제가 아닐까 싶다. 코미디 프로까지도 느리고 재미없다고 화를 내면서 보는 사람들이 많은 형편이니 더 말해 무엇 하랴. 빨리 웃기지 못하면 편집되거나 퇴출될까봐 두렵다는 코미디언들의 호소는 이미 코미디가 아니다. 속도에 뒤처지면 그대로 세상에서 도태될 것만 같은 공포의 표출이다.

이제 우리도 빠른 속도에만 치중할 것이 아니라 가까운 사람들과의 관계를 점검해보면서 내면의 마음을 단련해보는 것이 어떨까.

자신이 어디로 가고 있는지, 원하는 바가 무엇인지 곰곰이 생각해보는 것은 언제나 도움이 된다. 만약 내가 가는 빠른 길이 행복으로 인도하지 않고 있다는 결론이 나오면 좀 더 사람과 자연에 가까워지는 단순하고 느린 길을 찾아볼 수 있다.

집 근처 공원이나 산에서 천천히 걷기, 가족들과 천천히 이야기 나누기, 천천히 책을 읽기, 큰 나무 아래 앉아 나무에 등을 기대고 천천히 이것저것 생각해보기 등이다.

이렇게 천천히, 그러나 꾸준히 내공을 쌓다 보면 마침내 강호의 고수처럼 인생의 강자로 등극하여 부질없는 세상의 속도에 초연하게 되지 않을까.

그 자리에 서 있는 이유

택시를 타고 가다가 기사와 이런저런 이야기를 나누었다.
"요전에는 내부순환도로에서 어떤 젊은 여자 분을 태워준 적이 있어요. 처음에는 돌아버린 여자인 줄 알았다니까요. 택시 운전을 하다가 내부순환도로에서 승객을 태워보기는 처음이었어요. 설마 택시를 잡으러 거기까지 올라온 건 아닐 테구요."
"어떻게 된 거래요?"
"차가 고장 나서 갓길에 세웠는데 너무 시간이 촉박한 일이 있어서 일단 걸어 내려가려고 했대요. 그런데 출구는 생각보다 멀고 차들은 경적을 울려대고 그래서 그냥 울고 싶었대요."
"그런데 내부순환도로에 빈 차로 올라가셨어요?"
"교대 시간인데 도무지 방향이 맞는 승객이 없어서 일찌감치 단념하고 차고지에 빨리 가려고 빈 차로 올라갔던 길이라니까요."
"그 여자를 태우라는 운명이었나 보네요."
"글쎄요. 그게 영화라면 참 끝내주게 이야기가 시작되는 건데…."
소탈해 보이는 기사는 파안대소했다.

"그러게 얼른 보면 이해가 안 가는 행동에도 알고 보면 다 이유가 있더라니까요. 너나 할 것 없이 말입니다."

그러고 보면 고달픈 인생길을 걸어가던 사람들이 지금 그 자리에 서 있게 된 이유도 모두 다 한 보따리씩 있을 터였다.

광고의 마력

광고를 맹목적으로 믿어 광고에 나오지 않는 물건들은 절대로 사지 않는 주인공이 나오는 외국의 풍자 소설이 있다.

가련한 주인공은 광고에 의거해 살아간다. 그러다가 줄줄이 불량광고에 속아서 안 좋은 물건을 쓰다 다치고, 안 좋은 음식을 먹다 배탈이 나고, 안 좋은 약을 쓰다가 마침내 건강까지 잃게 된다. 죽어가면서도 그는 반드시 광고에 나오는 관을 사야만 한다고 우긴다.

기가 막힌 풍자에 웃음을 터뜨리며 읽다가 마침내 심각해지게 만드는 소설이다. 우리들도 광고의 압도적인 마력에 어느 정도는 휘둘리며 살아가고 있기 때문이다.

광고는 때때로 사람들의 이성을 둔화시킬 수 있을 정도의 힘을 지니고 있다. 물론 우리가 무이자로 돈을 빌려준다는 대부업체 광고나 가장이 죽어도 행복하기만 하다는 보험 광고나 이 아파트에 살기만 하면 저절로 상류층이 된다는 주택 광고 같은 것들을 다 믿지는 않는다. 그러나 문제는 그 광고 내용이 은연중 머릿속에 입력되는 부분도 적지 않다는 점이다.

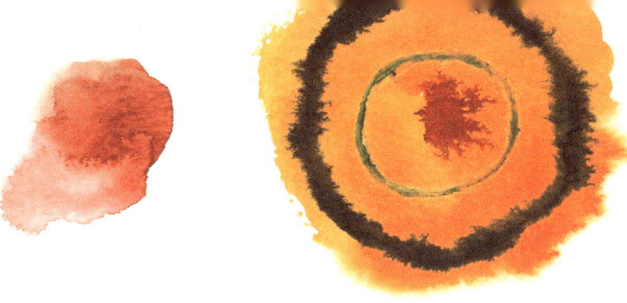

　일부 광고에 출연하는 연예인들이나 유명인사들이 친근하고 좋은 인상으로 광고에 나타나 시청자들의 판단력을 흐리게 할 소지가 있는 점은 간과하기 어렵다.

　연예인들이 그런 광고에 나감으로써 이미지가 추락하거나 신용을 잃는 것은 본인이 감당할 몫이지만 개인과 사회에 끼치는 해독에 관해서도 재고해보아야 할 여지가 있는 것은 바로 이런 점 때문이다.

　그러나 어떤 현상이 나타날 때는 항상 그 일이 일어나게 된 근본적인 뿌리가 있는 법이다. 특히 대부업체 광고가 봇물처럼 쏟아지는 이유는 돈을 빌리고자 하는 사람이 많다는 이야기다. 특별한 경우도 있겠지만 엄동설한에 에어컨 광고를 하지 않고 삼복염천에 보일러 광고를 하지 않는다. 수요가 없기 때문이다.

　부정적인 영향을 줄 수 있는 광고에 대해 자체 내에서 반성하는 운동이 일어나고 있는 것은 그나마 다행스러운 일이다. 이제는 문제가 되는 광고에 대해 질타와 비난만 퍼부을 것이 아니라 모두 스스로를 되돌아보고 현명한 소비자로서의 판단을 해야 할 때인 것 같다.

어떤 광고의 부정적인 측면이 드러날 때 일부 대상만을 속죄양 삼아 본질적인 문제들을 덮어버리려는 관행은 선의의 피해자들을 위해서라도 그만 사라져야 하는 게 아닐까.

인생의 전환기

어떤 철학 교수가 엄숙한 자세로 말했다.

"행복이라는 것은 무언가를 쫓는 것이지, 그것을 잡는 것이 아닙니다."

그 말을 듣던 학생이 물었다.

"교수님, 비 오는 날 밤에 막차를 쫓아 뛰어가 본 적이 있으십니까?"

아마 그 철학 교수가 대답하기는 쉬운 일이 아니었을 것이다. 관념과 현실은 일치하지 않는 경우가 많기 때문이다. 하기는 비 오는 날 밤, 막차를 놓칠까봐 뛰어가는 기분은 행복과는 거리가 멀 것이다.

일전에 우연히 막차를 타게 되었는데 승객들이 지쳐 있으리란 예상과 달리 의외로 다들 화색이 도는 것 같았다. 일단 집에 가게는 되었다는 안도감 때문인 것 같았다.

우리나라에서는 예전부터 아홉수를 조심하라는 이야기들을 많이 하고 있다. 흥미 있는 사실은 열아홉, 스물아홉, 서른아홉, 마흔아홉, 쉰아홉 등의 나이가 모두 인생의 전환기를 암시하고 있다는 점이다.

이제 더 이상 아이가 아닌데, 더 이상 젊지 않은데, 더 이상 능력 있는 나이가 아닌데, 이제 늙어가고 있는데….

상담을 청하는 많은 사람들이 마치 비 오는 날 막차를 쫓아가는 것 같은 심정을 느낀다고 고백한다.

친분 있는 한의사 한 분은 아홉수를 넘어갈 때 우울증이나 여러 가지 육체적 질환에 시달리는 사람이 상대적으로 더 많은 것 같다는 이야기를 들려준 적이 있다. 통계적으로도 사실인지는 알 수 없지만 일리 있는 이야기다.

얼마 전에는 친지의 팔순 잔치에 다녀왔고 다음 달에는 다른 친척의 칠순 잔치가 기다리고 있다. 아마 그 잔치들은 아홉수를 무사히 넘긴 데 대한 축하인지도 모른다.

칠순이며 팔순이며 그런 잔치를 절대로 하지 않겠다고 사양하는 사람도 많다. 뭐가 축하할 일이냐는 것이다. 그러나 지나치게 부담스럽게 치르지만 않는다면 청소년, 젊은이, 장년, 노인 등 각 세대가 함께 모여 즐거운 모임을 갖는 것도 좋은 일일 것 같다. 인생의 말년에 잔치

주인공이 되어 아홉수의 의미를 되새겨보는 것도 뜻 깊은 일이 될 것이다.

  그리고 우리도 그런 모임에 참석하면서 자신이 행복해지기 위해 쫓아가고 있는 것은 과연 무엇인지 다시 생각해볼 기회를 갖게 되는 게 아닐까.

세븐업이라는 선문답

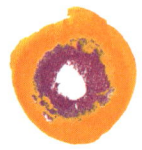

한쪽 무릎이 아파서 병원에 간 노인을 진찰하고 나서 의사가 말했다.

"무릎이 아픈 건 노쇠해서 저절로 일어나는 현상이라 특별히 어떻게 할 수가 없습니다."

그러자 노인은 벌컥 화를 내며 말했다.

"그런 소리 마십시오. 그렇다면 두 다리가 다 똑같이 나이를 먹었는데 어째서 이쪽 다리는 멀쩡하다는 겁니까?"

용감한 노인네다. 요즘 세상에 노인네가 이렇게 물색없이 덤비다가는 왕따당하기 딱 좋다. 노인이라는 이유만으로 대접받는 경우가 이제는 드문 것이다.

이제 노인들은 어떻게 살아가야 좋을지 답을 알기 어렵다.

옛 시조처럼 나물 먹고 물마시고 팔을 베고 누워 태평스럽게 살아가려고 해도 쉬운 일이 아니다. 나물 값도 만만치 않은데다가 팔을 베고 누울 한 평의 땅을 차지하기도 용이한 일이 아니기 때문이다.

이즈음 노인이 지켜야 할 수칙으로 '세븐업'이라는 게 인터넷에 떠돌고 있다.

　드레스 업, 클린 업 등으로 시작되는 일곱 가지 권유가 세칭 세븐업이다.

　깔끔하게 입고, 심신과 주변을 깨끗이 하고, 말을 적게 하고, 금전을 아끼지 말고, 부지런히 나다니며, 포기할 것은 포기하고, 기운을 내라는 것 등이 골자를 이룬다.

　사랑을 베푼다거나 따뜻한 마음씨를 보인다거나 지혜로운 대화를 나눈다는 이야기는 어디에도 없다.

　세븐업의 마지막 권유는 거의 선문답에 가깝다. 포기할 것은 포기하라면서 유쾌하게 기운까지 내라니. 갖고 싶은 것을 포기한 다음에 무슨 기력으로 기운까지 내라는 말인가.

　이래저래 노인들은 세븐업을 한 잔 마시고 속을 가라앉힌 다음에 세븐업을 읽어봐야 할 것 같다.

사랑의 유통기한

월요일에 한 젊은 여자가 물었다.

"이성 간의 사랑의 감정은 호르몬의 작용이라 30개월이면 사라진다면서요?"

나는 잘 모르겠다고 대답했다.

그 여자는 모든 조건이 좋지 않고 사랑의 정서만 있는 남자친구하고 결혼해서 사랑까지 사라지면 후회가 클까봐 결혼을 결심하기 어렵다고 말했다.

어떻게 하는 것이 좋냐고 묻는 여자에게 나는 잘 모르겠다는 말밖에 할 수 없었다.

화요일에 다른 나이 든 여자가 말했다.

"오래 전에 순수하게 사랑했던 남자에 대한 감정이 바로 어제 일처럼 그대로 남아 있어요. 이게 환상일까요?"

나는 잘 모르겠다고 말했다.

"문득 집을 떠나 그를 만나러 갈까 하는 생각이 들어요. 죽기 전에. 지금 다시 나이 들어 만나도 그 감정이 그대로 유지될지 두렵기는 해요. 어떻게 생각하세요?"
 나는 잘 모르겠다고 대답했다.
 정말 나는 뭐라고 대답해야 좋을지 알 수 없었다.

나 자신을 사랑하기

지난주에 남편의 외도 때문에 너무 괴롭고 심지어 죽고 싶은 충동까지 강하게 느낀다는 중년 여성을 만났다. 남편의 행동으로 인해 인생의 막이 이미 다 내린 것 같은 불행감이 그 여성을 휘감고 있었다.

자기 직장도 있고 아이들도 잘 자라고 있었지만 그런 것들은 아무 의미도 없고 남편에 대한 배신감과 증오만이 의식을 완전히 지배하고 있는 경우였다.

문득 미국 암 병동에서 일할 때 만났던 사람 중에 인상 깊었던 흑인 의사의 이야기가 떠올랐다. 그는 세상을 커다란 병동에, 그리고 세상 사람들을 각기 다른 병상에 누워 있는 환자로 비유했다. 그들은 모두 다 자신들이 다른 병에 걸렸더라면 견디기가 더 수월할 것이라고 생각하고 있다는 것이었다.

"환자들이 육신의 고통을 호소할 때 엄살을 떤다고 말해서는 안 됩니다. 고통을 느끼는 경중에 정확한 객관적 기준이 있는 것은 아니기 때문이지요."

상담 공부를 시작한 후 가장 큰 공감을 느꼈던 것이 바로 그 말이었다. 어떤 상황에 대해 사람들이 겪는 심리적인 고통도 객관적인 기준을 지니기는 어려운 일이기 때문이다.

"그런 일은 아무것도 아닙니다. 그게 뭐 그렇게 괴로우세요."

괴로운 사람에게 이런 말은 하지 않는 것이 도움이 된다. 이쪽은 위로한다고 그렇게 말하는 것일지 모르지만 상대방은 자신이 무시당한다고 느낄 수도 있기 때문이다.

남편은 이혼을 원하지 않고 눈치만 보고 있지만 도저히 용서할 수 없다고 말하는 그 중년 여자는 분노 때문에 자신의 인생을 파멸로 이끌고 갈 기세였다.

"나는 더 이상 젊지도 예쁘지도 않아요. 이제 남편의 배신을 겪고 보니 내 인생의 의미는 완전히 다 사라져버렸어요."

이야기를 나누면서 여자는 자신을 본질적으로 훼손할 수 있는 사람은 다른 사람이 아닌 바로 자기 자신이라는 생각을 점차 하게 되었다. 누가 어떤 일을 했다고 해서 그 일이 저절로 내 가치를 깎아내리는 것은 아니라는 것도 깨닫게 되었다.

이 여성의 경우처럼 누군가가 순도 100%의 절대적인 사랑을 주지 않으면 내가 가치 없는 사람이 된다고 믿는 사람들을 가끔 보게 된다. 그러나 어려움을 이기기 위해 제일 중요한 것은 자기 자신을 버리지 않고 끝까지 사랑하는 마음이 아닐까.

나를 용서하기

얼마 전 광복절 저녁에 친척의 칠순 잔치가 있었다. 집을 담보로 보증을 서주었다가 세상 떠난 남편이 물려준 집을 빼앗기는 바람에 마음고생이 아주 심했던 분이었다. 그래도 아들딸들이 그 동안 성실하게 자리 잡고 살면서 마음을 합해 마련한 잔치였다.

다른 사람들의 덕담에 이어 본인이 인사말을 하면서 그동안 집을 그렇게 잃어버린 자신을 용서하기 어려웠다고 서두를 떼었다. 그런데 그날 광복절에 보니까 특별사면이 있던데 자기도 그만 스스로에게 특별사면을 내리려고 한다고 말을 이었다.

자리에 앉아 있던 친척과 친지들이 그 이야기를 들으며 박수를 치고 웃음을 터뜨렸다.

말수가 적은 딸은 한쪽 구석에서 손수건을 꺼내들고 눈물을 찍어냈다. 집을 잃은 억울함이 누적되어 마침내 화병 수준에까지 이른 어머니를 그동안 곁에서 지켜보느라고 마음고생이 많았던 딸이었다.

남편이 남겨준 단 한 채의 집을 지키지 못한 나는 죄인이라고 하면서 오랜 세월 잠 못 이루고 마음속 분노를 삭이지 못해 오히려 자식들을 더 힘들게 한 점도 있었다. 이제 자식들도 다 잘살고 있으니까 집에 관한 일을 잊어버리라고 주위 사람들이 권유해도 자신을 용서할 수 없다며 속을 태우던 분이었다.

그런 분이 마침내 자기 스스로에게 특별사면령을 내린 것이다.

조카 한 명은 축하의 술을 따르며 내가 여태까지 특별사면을 받는 사람 많이 보았지만 자기 자신을 특별 사면하는 사람은 처음 본다고 말해 웃음이 터져 나왔다.

자신을 용서하지 못해 괴로워하는 사람들이 오히려 가족이나 친지에게 더 많은 심리적 부담을 지우는 경우도 드물지 않다. 모두들 그분이 이제 그만 마음의 응어리를 풀고 효성 지극한 자녀들과 손주들을 바라보며 마음 편한 여생을 사는 계기가 되기를 한 마음으로 바라고 있었다.

이분이 스스로에게 특별사면령을 내린 자리에 참석했던 사람들은 모두 맛있는 음식과 즐거운 이야기를 나누며 화기애애한 시간을 가졌다.

오늘을 살지 못하고 과거에 대한 회한이나 미래에 대한 불안으로 괴로워하는 사람들에게 미국의 철학자 에머슨은 장미꽃의 은유를 들려준다.

'장미는 그것이 존재하는 모든 순간에 이미 완전한 것이다.'

석가모니와의 대화

과연 인생은 공정한 것인가.

흥미롭게도 인생이 공정해야 한다고 철석같이 믿는 사람들이 더 화를 잘 내는 경향이 있다.

'왜 다른 사람은 집을 사자마자 집값이 오르던데 우리는 그렇게 애를 써도 아파트 값이 오르지 않는가.'

'왜 친구 남편은 그렇게 다정한데 우리 남편은 그렇게 무정한가.'

'왜 누구는 불고기를 5인분씩 먹어도 살이 안 찌는데 나는 야채샐러드만 먹는데도 체격이 자유형인가.'

그런 생각이 들기 시작하면 화가 나지 않는 게 이상할 지경이다.

사실 따지고 보면 이 세상은 부당하기 그지없다. 내가 원하는 것을 다 소화시키지 못한다.

"어떻게 화가 안 나요?"

사람들은 지금처럼 생존경쟁이 심한 사회에서 살다 보면 다른 사람들의 부당한 태도나 좌절감 때문에 평정심을 유지하기가 어렵다고 한다.

그렇다면 분노가 치밀어 오를 때 스스로 자신을 돌아보는 방법은 과연 없는 것일까.

이럴 때에는 쉽게 풀어쓴 석가모니의 〈무재칠시(無財七施)〉를 마음에 새겨보자. 일곱 가지 이야기를 하나하나 읽어나가다 보면 어느덧 분노를 다루는 좋은 방도를 깨우치게 될지도 모르겠다.

어떤 이가 석가모니를 찾아가 대화를 나눴다.

"저는 하는 일마다 제대로 되는 일이 없으니 이 무슨 이유입니까?"
"그것은 네가 남에게 베풀지 않았기 때문이니라."
"저는 아무것도 가진 것이 없는 빈털터리입니다. 남에게 줄 것이 있어야 주지 뭘 준단 말입니까?"
"그렇지 않느니라. 아무 재산이 없더라도 줄 수 있는 일곱 가지는 있는 것이다.

첫째는 화안시(和顔施), 얼굴에 화색을 띠고 부드럽고 정다운 얼굴로 남을 대하는 것이요,

둘째는 언시(言施), 말로써 얼마든지 베풀 수 있으니 사랑의 말, 칭찬의 말, 위로의 말, 격려의 말, 부드러운 말 등이다.

셋째는 심시(心施), 마음의 문을 열고 따뜻한 마음을 주는 것이다.

넷째는 안시(眼施), 호의를 담은 눈으로 사람을 보는 것처럼 눈으로 베푸는 것이요,

다섯째는 신시(身施), 몸으로 때우는 것으로 남의 짐을 들어준다거나 일을 돕는 것이요,

사랑활용법

여섯째는 좌시(座施), 자리를 내주어 양보하는 것이요.

일곱째는 찰시(察施), 굳이 묻지 않고 상대의 속을 헤아려서 도와주는 것이다.

네가 이 일곱 가지를 행하여 습관이 붙으면 너에게 행운이 따르리라."